# 대학생을 위한 한자의 이해

대학생을 위한

# 한자의 이해

이연주 · 박세욱

역락

# 대학생을 위한 한자의 이해

근래 들어 한자 교육이 많은 부침을 겪어왔지만 한자는 우리말과 떼려야 뗄 수 없는 관계에 있다. 한자에 대한 소양은 우리말을 깊이 있게 이해하는 데 필요하며, 사회에서 널리 쓰이는 각종 한자식 표현을 정확히 구사하며 오랜 기간 축적되어 온 우리 문화유산을 제대로 이해하는 데 중요하다. 이러한 필요에 따라 대학에서도 교양의 일환으로 한자 교육이 행해지고 있다.

본서는 대학에서의 교양 한자 교육을 위해 쓰여졌으며, 지난 수년간 대학에서 교양 한자를 가르친 경험을 바탕으로 했다. 먼저 한자를 이해하는 데 기초가 되는 한자의 구성요소와 글자가 만들어진 방식에 대해 독자들이 생소하지 않게 접근할 수 있도록 하고자 했으며, 이 과정에서 우리 말 속에서 흔히 사용되는 한자어를 익힐 수 있도록 했다. 부수나 육서를 통해 한자가 만들어진 방식을 설명하는 방법으로, 필수적인 대표 한자의 고대 자형이나 이들이 변천되어 온 과정을 보여줌으로써, 독자들이 이들 글자를 보다 친근하게 이해하고 기억할 수 있게 하고자 했으며, 이 경우 현재까지 분명하게 확인된 것만을 채택하여 보여주고자 했다. 아울러, 본서에서는 독자들이 익힌 한자의 조합 방식, 즉 문장 구성 방식을 훈련할 수 있도록 여러 고전에서 뽑은 짧고 뜻이 깊은 문장을 해설하였다. 이를 통해 한문 문장의 깊은 맛을 느껴볼 수 있도록 하고자 했으며, 비록 맛보기에 불과할 뿐이지만, 이러한 간명한 체험은 한문에 대한 막연한 거부감을 완화하고 한문의 기본적인 문법을 이해할 수 있게 하리라 기대한다.

모쪼록 독자들이 본서를 초석으로 삼아 그간 멀고 어렵게 느껴왔던 한문에 한 발짝 가까이 다가서고 보다 친근히 느낄 수 있기를 바라며, 앞으로도 독자들과 함께 공부하는 과정에서 본서를 계속 다듬어 보충해 나갈 것임을 약속하며 간단히 서문에 갈음한다.

2021년 8월

저자 이연주, 박세욱

# 목차

**4. 형성(形聲)** _85

포(胞) / 복(福) / 항(項) / 비(悲) / 천(踐) / 문(問) / 연(硏) / 성(星) / 공(空) / 화(花) / 기(記) /
화(和) / 방(放) / 병(病) / 리(理) / 고(苦) / 역(疫) / 도(導) / 기(起) / 정(停) / 경(傾) / 좌(座) /
보(寶) / 왕(往) / 구(驅) / 활|괄(闊) / 청(請) / 급(級) / 분(盆) / 부(扶) / 교(敎) / 시(視) / 가(街) /
취(醉) / 상|장(狀) / 방(邦) / 운(雲) / 종(種) / 반(飯) / 양(洋) / 항(航) / 자(資) / 경(輕) / 전(箭)

## III. 한자 학습의 활용: 명언 _107

### 한자를 어떻게 조합할 것인가? _109

# Ⅰ. 한자 학습의 기초: 부수

# 부수에 대하여

약 2000년 전 한나라 때 사람인 허신(58?~147?)은 『설문해자(說文解字)』라는 책을 써 9353 자의 한자를 수록하고 이들 글자들을 풀이하였는데, 그 과정에서 이 글자들을 540개의 부 (部)로 분류했다. 허신은 먼저 개별 글자들의 형태에서 공통되는 요소를 찾아내, 이를 바탕 으로 같은 공통요소를 가진 글자들을 같은 부(部)로 분류한 후 이 공통요소를 각 부의 맨 앞에 위치시켰는데, 이를 부수(部首)라고 한다. 예를 들면 訊(물을 신), 訓(가르칠 훈), 訥(말더듬 을 눌), 訴(아뢸 소)와 같은 글자들은 모두 자형에 言(말씀 언)이 공통적으로 들어있으며, 이 글 자들을 자세히 살펴 보면 모두 '말하다'라는 공통의 의미를 가지고 있다. 따라서 이 글자들 은 같은 부(部)에 속하고 言(언)이 이들 글자의 부수가 된다. 『설문해자(說文解字)』에는 이런 부수자가 540개가 수록되어 있다. 한편 같은 부수를 지니고 있는 글자들은 대체로 의미 범주가 같으며, 따라서 부수의 의미를 알게되면 한자를 학습하는데 많은 도움이 된다.

허신이 부수를 이용해 한자를 분류한 이후 부수는 한자 자전을 편찬하는 사람들에게 한 자를 분류하는 방법으로 활용되었는데, 시간이 흐르면서 이들 부수의 숫자는 계속해 줄 어들었다. 1615년에 편찬된 『자휘(字彙)』라는 자전에 이르러서는 214 부수로 그 수가 크게 줄었고, 1716년에 편찬된 『강희자전(康熙字典)』이 『자휘(字彙)』의 분류 체계를 따르면서 이 214 부수가 정착되었다. 우리나라에서도 현재 214 부수 체계를 따르고 있다.

부수는 한자를 분류하는 중요한 수단이었으며, 따라서 자전에서 한자를 검색하려면 반 드시 알아야 하는 사항이었다. 최근 들어서는 인터넷 사전이 보편화 되면서 한자를 검색 하는데 있어 다른 방법이 활용되어 부수에 대한 중요성이 떨어진 듯 보이나, 한자 학습에 있어 부수는 여전히 한자의 의미를 파악할 수 있는 지름길이 되기도 하고 한자를 구조적 으로 이해하는데도 유용하다 할 수 있다. 한자의 의미 범주를 파악하는데 있어 부수를 활 용하고 이를 통해 한자의 의미를 기억하고 그 구성 원리를 이해한다면 보다 쉽게 한자 공 부를 할 수 있을 것이다.

부수를 학습할 때는 먼저 부수의 명칭과 의미를 파악하는 것이 좋다. 그러나 일부 부수 는 그 글자의 의미와 연관이 없는 경우가 있다. 예를 들면, '又'는 단독으로 쓰일 때는 '또

우'이지만, 부수(의미요소)로 쓰일 때는 '손' 또는 손과 관련된 의미를 나타낸다. '止'자도 단독으로 쓰일 때는 '그칠 지'이지만, 부수로 쓰일 때는 '발' 또는 '발자국'과 관련된 의미를 나타낸다. 이런 글자들은 갑골문이나 금문 등에서 쓰인 고대의 자형을 알면 비교적 쉽게 그 의미를 이해할 수 있다. 이와 같이 각별한 주의를 요하는 부수에는 다음과 같은 것들이 있다.

| 卩\|㔾 | 병부 절 | 꿇어 앉은 사람의 모습을 본뜬 글자로, '병부'와 연관이 없다. |
|---|---|---|
| 又 | 또 우 | 손의 모양을 본뜬 글자로, 손과 관련된 의미를 나타낸다. |
| 寸 | 마디 촌 | 손과 관련된 의미를 나타낸다. |
| 爪 | 손톱 조 | 손과 관련된 의미를 나타낸다. |
| 彳 | 조금씩 걸을 척,<br>자축거릴 척,<br>중인변, 두인변 | 길 또는 길거리와 관련된 의미를 나타낸다. |
| 戶 | 지게 호 | 문 또는 집과 관련된 의미를 나타낸다. |
| 欠 | 하품 흠 | 크게 벌린 입과 관련된 의미를 나타낸다. |
| 止 | 그칠 지 | 발자국과 관련된 의미를 나타낸다. |
| 示 | 보일 시 | 제사와 관련된 의미를 나타낸다. |
| 自 | 스스로 자 | 코와 관련된 의미를 나타낸다. |
| 貝 | 조개 패 | 돈과 관련된 의미를 나타낸다. |
| 辵\|辶 | 쉬엄쉬엄 갈 착,<br>책받침 | 길 또는 길거리와 관련된 의미를 나타낸다. |
| 酉 | 닭 유,<br>열번째 지지 유 | 술과 관련된 의미를 나타낸다. |

부수는 글자 내에서의 위치에 따라 다음과 같이 각기 다른 명칭으로 불린다.

1. 변: 주로 부수가 글자의 왼쪽에 있는 경우

   人(사람인변): 仁(어질 인), 休(쉴 휴), 仙(신선 선)

   水(물수변): 江(강 강), 河(강이름 하), 淸(맑을 청))

   金(쇠금변): 針(바늘 침), 銘(새길 명), 錢(돈 전)

2. 방: 주로 부수가 글자의 오른쪽에 있는 경우

   刀(칼도방): 切(끊을 절), 刑(형벌 형), 別(다를 별)

   邑/ 阝(고을 읍/우부방): 邦(나라 방), 郁(땅이름 욱), 郊(성밖 교)

3. 머리: 주로 부수가 글자의 위에 있는 경우

    宀(집 면/갓머리): 安(편안할 안), 家(집 가), 宇(집 우)

    艹(풀 초/초두): 花(꽃 화), 草(풀 초), 苦(씀바귀 고)

4. 발: 주로 부수가 글자의 아래에 있는 경우

    皿(그릇명밑): 盂(사발 우), 盃(잔 배), 盈(찰 영)

    心(마음 심): 思(생각할 사), 志(뜻 지), 忘(잊을 망)

5. 받침: 주로 부수가 글자의 왼쪽과 아래에 걸쳐 있는 경우

    辵/辶(쉬엄쉬엄 갈 착, 책받침): 道(길 도), 近(가까울 근), 進(나아갈 진)

    走(달릴 주): 赴(나아갈 부), 超(뛰어넘을 초), 越(넘을 월)

6. 엄: 주로 부수가 글자의 위쪽과 왼쪽에 걸쳐 있는 경우

    广(집 엄): 店(가게 점), 府(곳집 부), 廈(처마 하)

    尸(주검 시): 居(살 거), 屈(굽을 굴), 展(펼 전)

7. 몸: 부수가 글자를 둘러싸고 있는 경우

    囗(위): 因(말미암을 인), 回(돌아올 회), 國(나라 국)

    門(문): 閉(닫을 폐), 開(열 개), 間(사이 간)

    匸(혜): 匹(필 필), 匿(숨을 닉), 區(지경 구)

    行(행): 術(길 술), 街(거리 가), 衝(거리 충)

8. 제부수: 부수가 자체 글자인 경우

    日, 月, 山, 木, 水, 雨

    한편 부수는 글자 속에서 쓰이는 위치에 따라 형태가 변하는 경우도 있으며, 일부 부수는 단독으로 쓰일 때와 부수로 쓰일 때 모양이 달라지기도 한다. 이는 쓰기의 편의성과 글자의 균형미를 위해서이며, 모양이 달라진다고 의미가 달라지는 것은 아니다. 이러한 예를 들어보면 人(사람 인)은 企(발돋움할 기), 仙(신선 선)에서 보듯 人/亻의 형태로 나타나고, 心(마음 심)은 忍(참을 인), 性(성품 성), 恭(공손할 공)에서 보듯 心/忄/⺗의 형태로 나타나며, 玉(구슬 옥)은 부수로 쓰이면 珠(구슬 주), 珉(옥돌 민)에서처럼 王으로 쓰인다. 또 肉(고기 육)도 부수로 쓰이면 肢(팔다리 지), 肩(어깨 견)에서처럼 月로 변형된다.

# 부수편

| 부수와 명칭 | 고대 자형 | 설명 |
|---|---|---|
| | | **1획** |
| 一<br>한 일 | ▬ | 손가락 하나 또는 선 하나를 가로 그어 숫자 '하나'를 가리킨 글자.<br>丈-어른 장 不-아니 불 世-세상 세 且-또 차 丞-정승 승 |
| 丨<br>뚫을 곤 | ▮ | 위에서 아래로 내리 그어 '뚫음'을 나타낸 글자.<br>中-가운데 중 丰-예쁠 봉 串-꿰미 천 |
| 丶<br>점 주 | ● | 끊어 읽기 부호의 '점'. 일반적으로 특정한 의미 없이 순수 기호로만 작용함.<br>丸-둥글 환 丹-붉을 단 主-주인 주 |
| 丿<br>삐칠 별 | ⟋ | 오른쪽에서 왼쪽으로 삐치면서 당기는 모양<br>乃-이내 내 久-오랠 구 乎-어조사 호 乖-어그러질 괴 乘-탈 승<br>乏-모자랄 핍 |
| 乙<br>새 을 | ⟨ | 초목의 새싹이 '구부러져'나오는 모양을 본뜬 것이라고 함.<br>九-아홉 구 也-어조사 야 乞-빌 걸 |
| 亅<br>갈고리 궐 | ∫ | '갈고리'모양을 본뜬 글자.<br>了-마칠 료 予-나 여 事-일 사 |
| | | **2획** |
| 二<br>두 이 | ▬▬ | '一'을 위는 짧고 아래는 길게 쌓아서 숫자 '둘'을 나타냄.<br>云-말할 운 互-서로 호 五-다섯 오 井-우물 정 亞-버금 아 |
| 亠<br>두돼지 해 | 人 | 亥(돼지 해)의 윗부분을 본떠 '돼지 해 머리'라고도 부름.<br>亨-형통할 형 享-누릴 향 亭-정자 정 亮-밝을 량 京-서울 경 |

| 부수와 명칭 | 고대 자형 | 설명 |
|---|---|---|
| 人/亻<br>사람 인 | | '사람'의 측면을 본뜬 글자.<br>仁-어질 인 件-사건 건 任-맡을 임 修-닦을 수 倉-창고 창 |
| 儿<br>어진 사람 인 | | '人(인)'자의 변형으로 보는 주장도 있고, 걸어가는 '사람'의 다리<br>모양을 본뜬 글자라고도 함.<br>元-으뜸 원 先-먼저 선 光-빛 광 兎-토끼 토 充-갖출 충 |
| 入<br>들 입 | | 위에서 아래로 뚫고 들어가는 모양이라고도 하고, 혹은 집이나<br>대궐에 들어감(內, 納)을 본뜬 글자라고도 함.<br>內-안 내 全-모두 전 兩-둘 량 兪-대답할 유 |
| 八<br>여덟 팔 | | 원래는 '사람이 서로 등지고 나누어진 모양'을 본뜬 글자.<br>共-모두 공 兵-군사 병 典-법 전 其-그 기 具-갖출 구 兼-겸할 겸 |
| 冂<br>멀 경 | | 도성 밖, 교외, 야외의 뜻.<br>册-책 책 再-다시 재 冒-무릅쓸 모 冑-투구 주 |
| 冖<br>덮을 멱 | | 물건을 덮어 양쪽 끝이 아래로 드리운 모양을 본뜬 자로 포괄적으로<br>'덮다'의 의미를 가짐.<br>冠-갓 관 冢-무덤 총 冤-원통할 원 冥-어두울 명 |
| 冫<br>얼음 빙 | | 물이 얼어 '고드름'이 된 모양을 본뜬 자로 '춥다'나 '시원하다'의<br>의미를 가짐.<br>冰-얼음 빙 冲-깊을 충 凍-얼 동 凝-엉길 응 |
| 几<br>안석 궤 | | 책상을 본뜬 글자.<br>凡-무릇 범 凭-의지할 빙 凰-봉황 봉 凱-개선할 개 |
| 凵<br>입벌릴 감 | | '벌리고 있는 입의 모습'이나 물건을 담을 수 있도록 '위가 터진<br>그릇'이나 '움푹 파인 곳'의 모양을 본뜬 글자.<br>凸-뽀족할 철 凹-오목할 요 出-나갈 출 函-함 함 |
| 刀/刂<br>칼 도 | | '칼'의 모양을 본뜬 글자. 윗부분이 칼자루이고 아랫부분이 칼이며,<br>'자르다'베다'의 파생적 의미를 가짐.<br>分-나눌 분 切-끊을 절 刊-새길 간 刑-형벌 형 劍-칼 검 |
| 力<br>힘 력 | | 세 갈래 모양의 농기구인 가래 모양을 본뜬 글자. 확장된 의미로<br>'힘'을 뜻하게 됨.<br>助-도울 조 努-힘쓸 노 勃-노할 발 動-움직일 동 勸-권할 권 |

| 부수와 명칭 | 고대 자형 | 설명 |
|---|---|---|
| 勹<br>쌀 포 | | '包(쌀 포)'의 원 글자로, 사람이 몸을 구부려 두 팔로 무엇을 에워싸 품고 있는 모양을 본뜬 글자.<br>勿-아닐 물 包-쌀 포 匍-엎드릴 포 匐-길 복 |
| 匕<br>비수 비 | | 갑골문에는 사람이 손을 올리고 있는 모습인데, 금문과 소전을 거치며 형태가 변하여 지금의 匕자가 되었다. 匕자는 '비수'의 의미이지만, 의미요소로서의 의미는 분명하지 않음.<br>化-될 화 北-북녘 북 匙-숟가락 시 |
| 匚<br>상자 방 | | 고대에 물건을 담는 네모난 그릇의 일종.<br>匝-두루 잡 匡-바룰 광 匪-아닐 비 匠-장인 장 匣-상자 갑 |
| 匸<br>감출 혜 | | 덮음을 상징하는 '一'에 숨김을 나타내는 'ㄴ'[隱(숨을 은)의 고자]을 아래 두어 '감추다'는 의미를 지님.<br>匹-짝 필 匽-숨길 언 匿-감출 닉 區-구분할 구 |
| 十<br>열 십 | | 十의 원형은 갑골문에서 'l'이었는데 금문에서는 점을 찍었고 이 점이 점차 선으로 정형화됨. 매듭 하나가 10을 표시했다는 설도 있음.<br>升-오를 승 卑-천할 비 卓-높을 탁 協-화합할 협 博-넓을 박 |
| 卜<br>점 복 | | 점을 칠 때 뼈가 균열된 모양에서 생긴 글자이다. '복'은 터지는 소리라는 주장도 있음.<br>占-점칠 점 卧-누울 와 卦-점괘 괘 |
| 卩/㔾<br>병부 절 | | 꿇어앉거나 몸을 굽힌 모양을 본뜬 글자로, '卩'이 아래에 위치 할 때에는 '㔾'을 씀.<br>印-도장 인 危-위험할 위 却-물리칠 각 卷-책 권 卽-곧 즉 |
| 厂<br>언덕 한 | | 산기슭에 바위(石)가 옆으로 튀어져 나와 그 안이 빈 모양을 본뜬 글자로, '굴 바위'또는 '언덕'등의 의미를 가짐.<br>厄-재앙 액 厚-두터울 후 原-언덕 원 厭-싫어할 염 厥-그 궐 |
| 厶<br>사사 사 | | 물건을 자기 쪽으로 감싸는 것을 나타내어 '나'또는 '사사롭다'의 뜻이라는 주장도 있고, '口'의 변형으로 파생된 글자라는 주장도 있음.<br>去-갈 거 參-참여할 참 |
| 又<br>또 우 | | '오른 손'을 본뜬 글자. 후에 '또', '다시'의 뜻으로 쓰임.<br>及-미칠 급 友-벗 우 反-반할 반 取-취할 취 叛-배반할 반 |

| 부수와 명칭 | 고대 자형 | 설명 |
|---|---|---|
| | | **3획** |
| 口 입 구 | | 구는 상형으로 사람이나 동물의 입을 본뜬 글자.<br>史-역사 사 向-향할 향 告-고할 고 吸-마실 흡 㗊-여덟치 지 |
| 囗 에워쌀 위 | | 성벽 등으로 사방을 '에워싼'모양을 나타낸 글자. 口(입 구)보다 커서 '큰 입구'라고도 함.<br>囚-가둘 수 回-돌 회 囹-옥 령 固-굳을 고 國-나라 국 |
| 土 흙 토 | | '땅위의 흙덩어리'모양을 본 뜬 글자.<br>在-있을 재 地-땅 지 坐-앉을 좌 墮-떨어질 타 增-더할 증 |
| 士 선비 사 | | '작은 도끼'의 모양을 본뜬 글자.<br>壯-장할 장 壺-병 호 壽-목숨 수 壹-한 일 |
| 夂 뒤져올 치 | | 夅-내릴 강 夆-끌 봉 |
| 夊 천천히 걸을 쇠 | | 발의 모양을 상형한 止를 거꾸로 한 글자.<br>夏-여름 하 夐-멀 형 㚘-오므릴 종 |
| 夕 저녁 석 | | '月(달 월)'과 같이 반달 모양을 본뜬 글자. 고대에는 月과 통용됨.<br>外-바깥 외 夙-이를 숙 多-많을 다 夜-밤 야 夢-꿈 몽 |
| 大 큰 대 | | 사람이 양팔과 두 다리를 벌리고 서있는 모양을 본 뜬 글자로, '크다'의 의미를 가짐.<br>夫-남편 부 央-가운데 앙 夷-오랑캐 이 奉-받들 봉<br>契-맺을 계 |
| 女 여자 녀 | | 여자가 두 손을 모으고 공손하게 꿇어 앉아있는 모습을 본뜬 글자.<br>妊-임신할 임 妥-온당할 타 妻-아내 처 姦-간음할 간<br>嫁-시집갈 가 |
| 子 아들 자 | | 강보에 싸여 양팔을 벌린 '어린 아기'의 모양을 본뜬 글자.<br>字-글자 자 存-있을 존 學-배울 학 孩-아이 해 孫-손자 손 |
| 宀 집 면 | | '움집'의 위를 덮어씌운 외부의 모양을 본뜬 글자로, '갓머리'라고 부름.<br>定-정할 정 客-손님 객 害-해할 해 容-얼굴 용 寃-원망할 원 |

| 부수와 명칭 | 고대 자형 | 설명 |
|---|---|---|
| 寸<br>마디 촌 | | 손목에서 맥박이 뛰는 데까지의 사이를 나타내어 '한 치(3cm)'의 길이를 가리키는 글자.<br>寺-절 사 封-봉할 봉 尋-찾을 심 尊-높을 존 導-인도할 도 |
| 小<br>작을 소 | | 작은 부스러기가 튀는 모양을 표현한 글자로 '작다'의 뜻을 지님.<br>少-적을 소 尖-뾰족할 첨 尙-오히려 상 尟-적을 선 |
| 尢<br>절름발이 왕 | | 한쪽 다리가 굽은 사람의 모양을 본뜬 글자로, '다리를 절다', '굽다'의 의미를 나타냄.<br>尤-더욱 우 尨-삽살개 방 就-나아갈 취 |
| 尸<br>주검 시 | | '사람이 몸을 구부리거나 앉아 있는 사람'의 모양을 본 뜬 글자로, 반드시 죽음과 관계된 글자는 아님.<br>尾-꼬리 미 局-판 국 居-살 거 屈-굽을 굴 屍-주검 시<br>屬-이을 속[닿을 촉] |
| 屮<br>싹날 철 | | 초목이 땅 속에서 나온 싹을 본뜬 글자로, '초목'과 관련된 의미를 지님.<br>屯-진 칠 둔[두려울 준] |
| 山<br>뫼 산 | | 세 개의 솟는 '산봉우리'모양을 본뜬 글자.<br>峰-봉우리 봉 峽-골짜기 협 島-섬 도 嶺-고개 령<br>嶽[岳]-큰산 악 |
| 巛/川<br>내 천 | | 냇물이 흐르는 모양을 본뜬 글자로, '시냇물'을 의미함.<br>川-내 천 州-고을 주 巢-새집 소 |
| 工<br>장인 공 | | 땅을 다질 때 사용하는 도구 모양을 본 뜬 글자.<br>左-왼 좌 巧-공교할 교 巫-무당 무 差-다를 차 |
| 己<br>몸 기 | | 끈 달린 화살인 '주살'의 모양을 본 뜬 글자.<br>已-그칠 이 巳-뱀 사 巴-땅이름 파 卮-잔 치 |
| 巾<br>수건 건 | | 수건이나 천 같은 것을 걸쳐놓은 모습을 본뜬 글자.<br>市-저자 시 布-베 포 席-자리 석 帳-장막 장 帆-돛 범<br>師-스승 사 常-항상 상 帶-띠 대 |
| 干<br>방패 간 | | 고문자에서는 끝이 두 가지로 갈라진 무기를 표현한 글자.<br>平-평평할 평 年-해 년 幷-아우를 병 幹-줄기 간 |

| 부수와 명칭 | 고대 자형 | 설명 |
|---|---|---|
| 幺<br>작을 요 | | 아기가 갓 태어날 때의 모양을 본떠 '작다' '어리다'의 뜻을 나타낸 글자라는 주장과 '糸(실 사)'에서 '小(소)'가 없는 보풀 모양을 본뜬 글자로 '약하다, 취약하다'라는 주장이 있음.<br>幻-변할 환 幼-어릴 유 幾-몇 기 幽-그윽할 유 |
| 广<br>집 엄 | | 언덕이나 바위를 지붕 삼아 지은 '바위 집'또는 '높은 집'의 모양을 본뜬 글자로, '건물, 장소'등과 관련된 뜻을 지니고 있음.<br>底-바닥 저 序-차례 서 庫-곳집 고 庶-여러 서 廬-농막 려 |
| 廴<br>끌 인 | | 彳(척)이 변형된 글자로, 발을 '길게 끌며 멀리 걸어감'을 가리킴. '가다'의 의미로 쓰인다.<br>延-늘일 연 廷-조정 정 建-세울 건 廻-돌 회 |
| 廾<br>받들 공 | | 두 손으로 마주 잡아 받들어 올리는 모양[拱(공)의 본 자]을 본떠 '손 맞잡다', '팔짱끼다'의 뜻을 나타냄.<br>弁-고깔 변 弄-희롱할 롱 弊-폐단 폐 |
| 弋<br>주살 익 | | '자른 나무 말뚝을 땅에 박은 모양', 또는 '주살(줄 달린 화살)'의 모양을 본뜬 글자라는 설이 있음.<br>式-법 식 弑-윗사람죽일 시 |
| 弓<br>활 궁 | | 갑골문에서는 구부러진 활과 활 시위가 함께 그려져 있었으나 금문에 이르러 시위가 생략된 후 변화를 거쳐 오늘에 이르렀음.<br>引-당길 인 弗-아닐 불 強-강할 강 弱-약할 약 張-베풀 장 |
| 彑/彐<br>돼지머리 계 | | 彙-무리 휘 彝-떳떳할 이 彘-돼지 체 |
| 彡<br>터럭 삼 | | '가지런히 나 있는 짐승 털'을 본뜬 글자로, 대부분 장식에 사용되어 '무늬', '문체', '빛나다'등의 뜻을 나타냄.<br>形-형상 형 彤-붉을 동 彬-빛날 빈 彩-채색 채 影-그림자 영<br>彰-드러날 창 |
| 彳<br>조금씩 걸을 척 | | 行(행)자의 일부를 생략한 형태임.<br>彼-저 피 待-대접할 대 徐-천천히할 서 得-얻을 득<br>復-다시 부 從-따를 종 |

4획

| 부수와 명칭 | 고대 자형 | 설명 |
|---|---|---|
| 心/忄<br>마음 심 |  | '마음'의 바탕이 되는 것으로 생각했던 '심장'의 모양을 본뜬 글자.<br>忄은 글자의 왼쪽에 心은 글자의 아래에 위치한다.<br>必-반드시 필 快-쾌할 쾌 念-생각 념 怒-노할 노 慎-삼갈 신 |

| 부수와 명칭 | 고대 자형 | 설명 |
|---|---|---|
| 戈<br>창 과 | | 고대의 병기로 긴 자루와 위 끝에 가로로 칼이 있어서 옆으로 공격하거나 갈고리로 죽이는 무기중의 하나임.<br>我-나 아 成-이룰 성 或-혹 혹 戱-희롱 희 戮-죽일 륙 |
| 戶<br>지게 호 | | 외짝문인 '지게문'의 모양을 본뜬 글자로, '문, 가옥'과 관련이 있음.<br>房-방 방 所-바 소 扇-부채 선 扈-따를 호 |
| 手/扌<br>손 수 | | 다섯 손가락을 펼친 '손'의 모양을 본뜬 글자로, '손, 손동작'과 관련된 뜻을 가지고 있다. 又(또 우)와 寸(마디 촌)도 손 모양을 본뜬 글자.<br>打-칠 타 承-받들 승 抛-던질 포 摩-문지를 마 摯-잡을 집<br>携-끌 휴 擧-들 거 擬-비길 의 |
| 支<br>지탱할 지 | | 댓가지를 손(又)에 쥐고 무엇을 버틴다하여 '지탱하다'의 뜻이 된 글자.<br>攲-곁가지 지 攲-기울어질 기 |
| 攴/攵<br>칠 복 | | 손에 회초리를 들고 '치다'의 뜻. 攵은 변형.<br>收-거둘 수 改-고칠 개 攻-칠 공 放-놓을 방 效-본받을 효<br>敢-감히 감 散-흩을 산 敗-패할 패 |
| 文<br>글월 문 | | 사람 몸에 그린 '문신'모양을 본뜬 글자로, '무늬'의 뜻을 나타냄.<br>斑[斒]-아롱질 반 |
| 斗<br>말 두 | | 술을 푸거나 따를 때 쓰던 국자와 비슷한 용기를 본뜬 글자.<br>料-헤아릴 료 斜-비낄 사 斡-돌 알 |
| 斤<br>도끼 근 | | 갑골문의 斤(도끼 근)자는 굽은 자루에 도끼 머리를 형상화한 글자.<br>斯-이 사 斫-벨 작 斬-벨 참 新-새로울 신 斷-끊을 단 |
| 方<br>모 방 | | 갑골문과 금문의 方(모 방)자는 사람의 목 부분에 형틀을 설치한 모양으로 본뜻은 형틀에 묶인 사람.<br>於-어조사 어 旁-곁 방 旅-나그네 려 施-베풀 시 旗-기 기 |
| 无/旡<br>없을 무 | | 갑골문의 자형은 고개를 뒤로 돌린 사람의 모습을 본뜬 글자.<br>旣[既]-이미 기 |
| 日<br>날 일 | | '해'의 모양을 본뜬 글자.<br>旨-뜻 지 旱-가물 한 昔-옛 석 晝-낮 주 智-알 지<br>暗-어두울 암 暇-한가할 가 暑-더울 서 暮-저물 모 |

| 부수와 명칭 | 고대 자형 | 설명 |
|---|---|---|
| 曰<br>가로 왈 | | 입에 한 획을 추가하여 입에서 '말이 나오는 것'을 나타낸 글자.<br>曲-굽을 곡 更-다시 갱 書-글 서 曾-일찍 증 最-가장 최<br>會-모일 회 替-바꿀 체 |
| 月<br>달 월 | | '초승달'의 모양을 본뜬 글자.<br>朋-벗 붕 育-기를 육 朔-초하루 삭 望-바라볼 망 朗-밝을 량<br>朕-나 짐 |
| 木<br>나무 목 | | 땅에 뿌리를 내리고 가지를 뻗으며 자라나는 '나무'모양을 본뜬<br>글자.<br>材-재목 재 杰-뛰어날 걸 査-조사 사 東-동녘 동 某-아무 모<br>棘-가시 극 棄-버릴 기 森-빽빽할 삼 業-업 업 架-시렁 가 |
| 欠<br>하품 흠 | | 갑골문의 자형은 꿇어앉은 사람이 머리를 들고 입을 벌려 크게<br>하품하는 모양을 본뜬 글자.<br>次-다음 차 欲-하고자할 욕 歎-탄식할 탄 歡-기쁠 환<br>歌-노래 가 欺-속일 기 |
| 止<br>그칠 지 | | 사람 발의 모양을 본뜬 글자.<br>正-바를 정 步-걸을 보 此-이 차 歪-기울 왜 歲-해 세 |
| 歹/歺<br>뼈 알 | | '살을 발라 낸 뼈'의 모양을 본뜬 자.<br>死-죽을 사 歿-죽을 몰 殉-따라죽을 순 殃-재앙 앙 |
| 殳<br>창 수 | | 몽둥이를 손(又)에 들고 '친다'는 뜻을 나타냄.<br>殷-성할 은 段-층계 단 毁-허물 훼 毅-굳셀 의 |
| 毋<br>말 무 | | 이 글자는 원래 母(어미 모)와 같은 글자였는데 후에 '~하지 말라'는<br>뜻으로 쓰여 한 획을 더하여 구분함.<br>母-어미 모 每-매양 매 毒-독할 독 |
| 比<br>견줄 비 | | 두 사람이 '나란히'서 있는 모양을 본뜬 글자. 부수로서 특정한<br>의미가 없음.<br>毗-도울 비 毖-삼갈 비 毚-약은 토끼 참 |
| 毛<br>털 모 | | 사람이나 짐승의 '털'을 본뜬 글자로, 주로 모발(毛髮)과 관계됨.<br>毱-공 국 毿-담요 담 氈-담요 전 |
| 氏<br>각시 씨 | | '물건을 들고 서 있는 사람'의 상형으로 '성씨(姓氏)'의 뜻을 나타낸<br>글자.<br>民-백성 민 氓-백성 맹 |

| 부수와 명칭 | 고대 자형 | 설명 |
|---|---|---|
| 气<br>기운 기 | | 수증기나 구름이 위로 올라가는 모양을 본뜬 글자.<br>氛-기운 분　氣-기운 기　氳-기운어릴 온 |
| 水/氵<br>물 수 | | '물'의 흐름을 본뜬 글자. 글자의 왼쪽에서는 '氵', 글자의 아래에서는<br>'氺'로 쓰임.<br>氷-얼음 빙　永-길 영　求-구할 구　注-물댈 주　漿-즙 장<br>濯-씻을 탁 |
| 火/灬<br>불 화 | | 타오르는 '불꽃'의 모양을 본뜬 글자. '灬'는 불 이외에 새(鳥), 말(馬),<br>물고기(魚)에서도 쓰임.<br>灰-재 회　災-재앙 재　炎-불꽃 염　然-그럴 연　熙-빛날 희<br>營-경영할 영　燃-탈 연 |
| 爪/爫<br>손톱 조 | | 물건을 긁어당기는 '손톱'모양을 본뜬 글자로, '손의 동작'과 관련된<br>의미를 지니고 있음.<br>爭-다툴 쟁　爵-벼슬 작　爬-긁을 파 |
| 父<br>아비 부 | | 한 손에 돌도끼를 잡은 모양을 본뜬 글자.<br>爸-아비 파　爹-아비 다　爺-아비 야 |
| 爻<br>점괘 효 | | 점을 치던 산가지 몇 개를 교차해 놓은 모습을 본뜬 글자.<br>俎-도마 조　爽-상쾌할 상　爾-너 이 |
| 爿<br>나무조각 장 | | 牀(침상 상)의 본래 글자.<br>牀-평상 상 |
| 片<br>조각 편 | | 통나무를 쪼갠 것 중 오른쪽의 모양을 본떠 '조각'또는 '쪼개다'의<br>뜻이 된 글자.<br>版-판목 판　牋-편지 전　牘-편지 독 |
| 牙<br>어금니 아 | | 위 아래가 서로 맞물려 있는 두 개의 짐승 이빨 모습으로, '어금니'의<br>뜻을 나타냄.<br>牚-버틸 탱 |
| 牛/牜<br>소 우 | | 중간의 一은 소의 얼굴을, 윗면은 소의 뿔의 모양을 본뜬 글자.<br>牧-칠 목　牲-희생 생　牽-끌 견　犁-쟁기 려　犢-송아지 독 |
| 犬/犭<br>개 견 | | 앞발을 들고 짖어대는 '개'의 모양을 본뜬 자.<br>犯-범할 범　狼-이리 낭　猛-사나울 맹　猶-오히려 유<br>獨-홀로 독 |

| 부수와 명칭 | 고대 자형 | 설명 |
|---|---|---|
| 玄<br>검을 현 | | 아래의 '幺'는 실타래를 꼰 모습, 위의 '亠'는 실타래를 묶은 모습.<br>茲-이 자 率-거느릴 솔 妙-묘할 묘 |

| | | 5획 |
|---|---|---|
| 玉/王<br>구슬 옥 | | 줄에 꿴 옥의 모양을 본뜬 글자.<br>王-임금 왕 玩-희롱할 완 現-나타날 현 瑟-큰거문고 슬<br>璽-옥새 새 |
| 瓜<br>오이 과 | | 금문에 오이나 참외가 열매를 맺은 모습을 볼 수 있음.<br>瓢-표주박 표 瓠-표주박 호 瓣-외씨 판 |
| 瓦<br>기와 와 | | 기와가 겹쳐 있는 모양을 본뜬 글자.<br>瓷-질그릇 자 |
| 甘<br>달 감 | | 口에 한 획을 그어 입에 음식을 물고 있는 모양. 본뜻은 '특별히 맛있다'는 의미인데, '달다'의 뜻으로 파생됨.<br>甚-심할 심 甛[甜]-달 첨 |
| 生<br>날 생 | | 땅을 뚫고 나온 새싹의 모양을 본뜬 글자. 윗부분이 풀잎 屮(철), 아랫부분이 흙덩어리 土(토)임.<br>産-낳을 산 甦-깨어날 소 甥-사위 생 |
| 用<br>쓸 용 | | 桶(통 통)의 본래 글자.<br>甫-클 보 甯-차라리 녕 |
| 田<br>밭 전 | | 밭과 밭 사이에 사방으로 난 둑의 모양을 본뜬 글자.<br>由-말미암을 유 畏-두려울 외 畢-마칠 필 異-다를 이<br>當-마땅할 당 畿-경기 기 疊-거듭 첩 |
| 疋<br>발 소 | | 갑골문과 금문에는 발목에서 발끝까지의 모양을 본뜬 글자로 보인다. '발', '걸음'과 관련이 있음.<br>疎-성길 소 疏-소통할 소 疑-의심할 의 |
| 疒<br>병들 녁 | | 왼쪽 부분은 침상 爿(장)이며, 오른쪽 부분은 人(인)의 변형이다. 큰 병이 나서 침상에 누워있는 모습.<br>疾-병 질 病-병 병 痕-흔적 흔 痲-저릴 마 痼-고질병 고<br>瘦-여월 수 痹-저릴 비 |

| 부수와 명칭 | 고대 자형 | 설명 |
|---|---|---|
| 癶 어그러질 발 | | 두 발이 서로 등지고 있어서 걸어 나아감이 바르지 못한 모양을 표현함.<br>癸-열째천간 계 登-오를 등 發-필 발 |
| 白 흰 백 | | '희다'의 뜻.<br>百-백 백 皇-임금 황 皓-흴 호 皎-밝을 교 皆-모두 개 |
| 皮 가죽 피 | | 짐승의 가죽을 손(又)으로 벗겨 내는 모양을 본뜬 글자. 털이 있는 '가죽'을 뜻함.<br>皺-주름 추 |
| 皿 그릇 명 | | 음식물을 담는 '그릇'의 모양을 본뜬 글자.<br>益-더할 익 盛-성할 성 盜-도둑 도 盡-다할 진 |
| 目 눈 목 | | 사람의 눈 모양을 본뜬 글자로, '눈', '보다'의 뜻을 가진 글자.<br>처음에는 눈의 모양인 '罒'으로 쓰다가 나중에 세로쓰기에 맞추어 '目'으로 쓰게 되었다.<br>盲-소경 맹 直-곧을 직 看-볼 간 省-살필 성 相-서로 상<br>眠-잘 면 眞-참 진 着-붙을 착 |
| 矛 창 모 | | 금문에는 창의 모양을 본뜬 글자.<br>矜-자랑할 긍 |
| 矢 화살 시 | | '화살'모양을 본뜬 글자.<br>知-알 지 短-짧을 단 矮-난쟁이 왜 矩-곱자 구<br>矯-바로잡을 교 |
| 石 돌 석 | | 언덕 아래에 굴러 떨어진 '돌덩이'모양을 본뜬 글자.<br>硏-갈 연 碍-거리낄 애 碑-비석 비 碧-푸를 벽 碩-클 석<br>磨-갈 마 礎-주춧돌 초 |
| 示/礻 보일 시 | | 신주의 모양을 본뜬 글자. 神(신)이나 제사와 관련된 의미를 가지고 있음.<br>社-모일 사 祖-할아버지 조 禁-금할 금 祝-빌 축 神-귀신 신<br>祭-제사 제 禮-예도 례 禱-빌 도 |
| 禸 발자국 유 | | '짐승의 발자국', '밟다'의 의미.<br>禹-우임금 우 禽-새 금 离-도깨비 리 |

| 부수와 명칭 | 고대 자형 | 설명 |
|---|---|---|
| 禾<br>벼 화 |  | 볏 대에서 이삭이 패어 드리워진 모양을 본뜬 글자. 대부분 농작물이나 농업활동과 관련이 있음.<br>秀-빼어날 수 私-사사로울 사 秘-비밀 비 秋-가을 추<br>積-쌓을 적 種-무리 종 |
| 穴<br>구멍 혈 |  | 집으로 삼을 수 있도록 파헤쳐진 굴 '구멍'을 뜻하는 글자.<br>究-다할 구 突-갑자기 돌 窄-좁을 착 窓-창 창 窮-다할 궁<br>竊-훔칠 절 |
| 立<br>설 립 |  | 갑골문과 금문의 立자는 정면으로 서 있는 사람의 모습을 본뜬 글자.<br>竟-마침 경 竢-기다릴 사 童-아이 동 竦-공경할 송 竪-세울 수<br>竭-다할 갈 |
| | | 6획 |
| 竹/⺮<br>대나무 죽 |  | '대나무'와 그 잎의 모양을 본뜬 글자.<br>竿-낚시대 간 筆-붓 필 等-같을 등 答-답할 답 節-마디 절<br>算-계산 산 範-본보기 범 篤-도타울 독 |
| 米<br>쌀 미 |  | 겉껍질이 까져(十) 나온 쌀알들의 모양을 나타낸 글자.<br>粒-낟알 립 粉-가루 분 粧-단장할 장 粱-기장 량 糊-풀 호 |
| 糸<br>실 사 |  | '한 가닥 실'의 모양을 본뜬 글자. '실', '새끼', '직물'과 연관된 뜻을 나타냄.<br>糾-얽힐 규 紙-종이 지 索-찾을 색 素-흴 소 終-마칠 종<br>絶-끊을 절 經-지날 경 緊-긴할 긴 繁-많을 번 |
| 缶<br>장군 부 |  | 배가 불룩하고 입이 좁은 '질그릇(장군)'모양을 본뜬 글자.<br>缺-이지러질 결 罐-물동이 관 |
| 网/罒<br>그물 망 |  | '그물'의 모양을 본뜬 글자.<br>罕-드물 한 罪-허물 죄 置-둘 치 罰-벌할 벌 罵-꾸짖을 매<br>罷-그칠 파 羅-그물 라 |
| 羊/⺶<br>양 양 |  | '양'의 모양을 본뜬 글자.<br>美-아름다울 미 羞-부끄러울 수 群[羣]-무리 군 羨-부러울 선<br>義-의로울 의 羹-국 갱 |
| 羽<br>깃 우 |  | 새의 긴 '깃'또는 '날개'모양을 본뜬 글자.<br>翁-늙은이 옹 翅-날개 시 翠-푸를 취 翻-날 번 |

| 부수와 명칭 | 고대 자형 | 설명 |
|---|---|---|
| 老/耂 늙을 로 | | 허리 굽은 '늙은이'가 지팡이를 짚고 있는 모양을 나타낸 글자.<br>考-생각할 고 者-놈 자 耆-늙은이 기 耋-팔십 늙은이 질 |
| 而 말이을 이 | | '윗수염'을 본뜬 글자.<br>耐-견딜 내 |
| 耒 쟁기 뢰 | | 밭을 일구는 '따비'를 본뜬 글자. '경작', '농기구'의 뜻을 나타냄.<br>耕-밭갈 경 耗-소모할 모 耘-김맬 운 |
| 耳 귀 이 | | '귀'의 모양을 본뜬 글자.<br>耶-어조사 야 耽-즐길 탐 聊-애오라지 료 聖-성인 성<br>聚-모일 취 聞-들을 문 聲-소리 성 聳-솟을 용 |
| 聿 붓 율 | | '붓'의 모양을 본뜬 글자.<br>肅-엄숙할 숙 肆-방자할 사 肇-비롯할 조 |
| 肉/月 고기 육 | | '한 토막 고깃덩어리'모양을 본뜬 글자.<br>肌-살 기 肩-어깨 견 肯-즐길 긍 胤-맏아들 윤 胸-가슴 흉<br>脅-위협할 협 脣-입술 순 腐-썩을 부 |
| 臣 신하 신 | | 고개를 숙인 사람의 '눈'의 모양을 본뜬 글자.<br>臥-누울 와 臨-임할 임 |
| 自 스스로 자 | | 사람의 '코'를 본뜬 글자.<br>臭-냄새 취 |
| 至 이를 지 | | 화살이 날아와 땅에 '이름'을 나타낸 글자.<br>致-이를 치 臺-누대 대 臻-모일 진 臸-거듭 천 |
| 臼 절구 구 | | 쌀을 찧는 도구, 돌절구의 모양을 본뜬 글자. 대부분 절구나<br>구덩이와 연관이 있음.<br>臿-가래 삽 舂-찧을 용 與-더불어 여 興-흥할 흥 舊-예 구 |
| 舌 혀 설 | | 혀의 모양을 본뜬 글자.<br>舍-집 사 舐-핥을 지 舒-편안할 서 |

| 부수와 명칭 | 고대 자형 | 설명 |
|---|---|---|
| 舛<br>어그러질 천 | | 오른발과 왼발이 각각 다른 방향으로 '어긋남'을 나타낸 글자.<br>舞-춤출 무 舜-순임금 순 |
| 舟<br>배 주 | | '쪽배'의 모양을 본뜬 글자.<br>航-배 항 般-일반 반 船-배 선 舶-큰배 박 艇-거룻배 정<br>艦-큰배 함 |
| 艮<br>괘이름 간 | | 눈을 부릅뜨고 무언가를 응시하는 '사람'의 모습이다. 目과 人으로<br>구성된 글자.<br>良-어질 량 艱-어려울 간 |
| 色<br>빛 색 | | 색채, 빛깔의 의미.<br>艶-고울 염 |
| 艸/艹<br>풀 초 | | 초목의 싹들이 돋아 나오는 모양을 나타낸 글자.<br>若-같을 약 苦-쓸 고 茫-아득할 망 華-빛날 화 萌-싹 맹<br>葉-잎 엽 蓋-덮을 개 蔑-업신여길 멸 |
| 虎/虍<br>호랑이 호 | | 호랑이를 본뜬 글자.<br>虐-모질 학 虔-공경할 건 處-곳 처 虛-빌 허 號-부를 호<br>虧-이지러질 휴 |
| 虫<br>벌레 충 | | 뱀이 사리고 있는 모양을 본뜬 글자.<br>虱-이 슬 虹-무지개 홍 蚊-모기 문 融-녹을 융<br>螢-개똥벌레 형 |
| 血<br>피 혈 | | 핏방울이 떨어서 그릇 속으로 들어가는 모양을 본뜬 글자.<br>衃-걱정할 휼 衆-무리 중 |
| 行<br>갈 행 | | 사람들이 걸어 다니는 '네거리'의 모양을 본뜬 글자.<br>衍-넓을 연 術-재주 술 衛-지킬 위 衝-찌를 충 衡-저울 형 |
| 衣/衤<br>옷 의 | | 옷깃, 소매, 옷섶이 잘 드러난 윗옷의 모습을 본뜬 글자.<br>表-겉 표 衰-쇠할 쇠 衷-속마음 충 袋-자루 대 裂-찢을 렬<br>被-입을 피 補-기울 보 |
| 襾/西<br>덮을 아 | | 갑골문, 금문에는 보이지 않고 소전에는 '덮다'의 의미.<br>西-서녘 서 要-요긴할 요 覆-다시 복 霸-으뜸 패 |

| 부수와 명칭 | 고대 자형 | 설명 |
|---|---|---|
| | | **7획** |
| 見<br>볼 견 | | 사람(儿)이 눈(目)으로 보는 모습을 형상화한 글자. '보다'의 뜻.<br>規-법 규 視-보일 시 觀-뵐 근 覺-깨달을 각 覽-볼 람<br>觀-볼 관 |
| 角<br>뿔 각 | | 짐승의 '뿔'모양을 본뜬 글자.<br>解-풀 해 |
| 言<br>말씀 언 | | 舌(혀 설)자에 한 획을 추가한 글자로, 혀를 놀려 이야기하는 모습을<br>나타냄.<br>訓-가르칠 훈 設-베풀 설 許-허락할 허 請-청할 청<br>謂-말할 위 謝-사례할 사 謹-삼갈 근 識-알 식 |
| 谷<br>골 곡 | | 윗부분의 선들은 시냇물이 흐르는 모양, 아래의 口(입 구)는 계곡의<br>입구를 나타냄.<br>谿-시내 계 谿-골짜기 활 |
| 豆<br>콩 두 | | 음식을 담는 그릇이며 주로 '제기'로 사용되던 다리가 긴 그릇의<br>모양을 본뜬 글자.<br>豈-어찌 기 豐-풍년 풍 豎-세울 수 |
| 豕<br>돼지 시 | | '돼지'의 모양을 본뜬 글자.<br>豚-돼지 돈 象-코끼리 상 豪-호걸 호 豫-미리 예 |
| 豸<br>벌레 치 | | 갑골문에 척추가 긴 짐승, 맹수의 모습을 본뜬 글자.<br>豹-표범 표 貌-모양 모 |
| 貝<br>조개 패 | | '조개'모양을 본뜬 글자. 화폐로 사용되어 '돈'이나 '재물'의 의미로<br>쓰임.<br>負-질 부 財-재물 재 貧-가난할 빈 貪-탐할 탐 費-쓸 비<br>賢-어질 현 賣-팔 매 賬-장부 장 賑-구휼할 진 |
| 赤<br>붉을 적 | | 사람의 모양인 大(큰 대)와 불을 뜻하는 火(불 화)로 구성된 글자. 불이<br>붉어서 '붉다'의 의미를 나타냄.<br>赦-용서할 사 赫-빛날 혁 |
| 走<br>달릴 주 | | 팔을 휘저으며 발을 재게 내딛는 달리는 모습을 나타낸 글자.<br>赴-다다를 부 起-일어날 기 超-뛰어넘을 초 越-넘을 월<br>趣-뜻 취 |

| 부수와 명칭 | 고대 자형 | 설명 |
|---|---|---|
| 足<br>발 족 | | 口는 '정강이와 종아리'를, 아래 止(지)는 '발'의 모양을 본뜬 글자.<br>路-길 로 跡-발자취 적 蹤-발자취 종 蹟-자취 적<br>蹴[蹵]-찰 축 暫-잠시 잠 |
| 身<br>몸 신 | | 아이를 밴 여자의 불룩한 몸을 본뜬 글자.<br>躬-몸 궁 躭[躭]-즐길 탐 |
| 車<br>수레 거 | | 수레의 모양을 본뜬 글자.<br>軋-삐걱거릴 알 軌-바퀴자국 궤 載-실을 재 較-견줄 교<br>輩-무리 배 轉-구를 전 輿-수레 여 |
| 辛<br>매울 신 | | 날카로운 칼의 모양을 본뜬 글자. 노예나 죄수의 얼굴에 글자를<br>새기던 칼에서 유래함.<br>辜-허물 고 辣[辢]-매울 랄 辦-힘들일 판 辨-분변할 변<br>辭-말씀 사 辯-말씀 변 |
| 辰<br>별 진 | | '蜃(조개 신)'의 본래 글자. 후에 간지의 이름으로 차용됨.<br>辱-욕될 욕 農-농사 농 |
| 辵/辶<br>쉬엄쉬엄갈 착 | | '가다'의 뜻인 彳(척)과 '발'의 모습인 止(지)의 변형으로, '거리를<br>걷다'를 나타냄.<br>迎-맞을 영 迫-핍박할 박 述-펼 술 逐-쫓을 축 週-돌 주<br>過-지날 과 達-이를 달 遊-놀 유 遜-겸손할 손 遺-남길 유<br>遂-따를 수 |
| 邑/阝<br>고을 읍 | | 위의 테두리는 사면으로 에워싼 담장의 성이고, 아래는 자리에 앉아<br>있는 사람의 형상으로 거주를 나타냄. 이로 이루어진 글자는 고을과<br>관계가 있음.<br>邦-나라 방 郡-고을 군<br>都-도읍 도 鄕-시골 향 鄙-더러울 비 |
| 酉<br>닭 유 | | '술'병 모양을 본뜬 글자. 12지에서 '닭'의 뜻으로 쓰임.<br>酒-술 주 酌-술부을 작 配-짝 배 醉-취할 취 醒-술깰 성<br>醫-의원 의 醬-간장 장 |
| 釆<br>분변할 변 | | 釆은 辨의 옛 글자. 금문에서 짐승의 발톱이 나뉘어져 있는 모양을<br>나타냄.<br>釋-풀 석 |
| 里<br>마을 리 | | 농토(田)와 땅(土)으로 이루어진 글자로, 사람이 거주하는 곳을<br>나타냄.<br>重-무거울 중 野-들 야 量-헤아릴 양 |

| 부수와 명칭 | 고대 자형 | 설명 |
|---|---|---|
| **8획** | | |
| 金<br>쇠 금 | | 금문은 초기에는 두 개의 금속 못의 모양이었으며, 후에는 기물의 모양을 옆에 추가하였음.<br>針-바늘 침 釜-가마 부 銀-은 은 錦-비단 금 鎖-쇠사슬 쇄<br>鑑-거울 감 鐵-쇠 철 鑾-방울 란 |
| 長<br>길 장 | | 머리카락이 긴 '노인'이 지팡이를 짚고 있는 모양을 본뜬 글자. 거의 단독으로 사용됨. |
| 門<br>문 문 | | 두 짝 '문'의 모양을 본뜬 글자.<br>閃-번쩍일 섬 閉-닫을 폐 開-열 개 間[閒]-사이 간<br>悶-답답할 민 閑-한가할 한 闊-넓을 활 闌-가로막을 난 |
| 阜/阝<br>언덕 부 | | 흙산의 모양을 본뜬 글자. 해서에서 편방으로 쓰일 경우 좌측의 阝으로 씀.<br>防-막을 방 降-내릴 강 陋-더러울 루 陣-진칠 진 陳-베풀 진<br>陪-모실 배 陽-볕 양 險-험할 험 隱-숨을 은 |
| 隶<br>미칠 대 | | 미치다, 이르다, 잡다의 의미.<br>隸-종 예 |
| 隹<br>새 추 | | 꽁지가 짧은 새의 모양을 본뜬 글자.<br>隻-외 척 雀-참새 작 雁-기러기 안 集-모을 집 雄-수컷 웅<br>雌-암컷 자 雖-비록 수 雙-쌍 쌍 雜-섞일 잡 難-어려울 난 |
| 雨<br>비 우 | | 하늘에서 떨어지는 빗방울을 본뜬 글자.<br>雪-눈 설 雲-구름 운 雷-우뢰 뢰 電-번개 전 需-쓰일 수<br>霜-서리 상 霞-노을 하 靈-신령 령 |
| 靑<br>푸를 청 | | 生(생)과 丹(단)으로 이루어진 글자.<br>靖-편안할 정 靜-고요할 정 靚-단장할 정 |
| 非<br>아닐 비 | | 새가 높이 나는 모습을 본뜬 글자로, 飛(날 비)의 본래 글자.<br>靡-쓰러질 미 |
| **9획** | | |
| 面<br>얼굴 면 |  | 갑골문에는 얼굴의 윤곽에 눈을 부각시킨 모습.<br>靨-보조개 엽 靦-부끄러워할 면 |

| 부수와 명칭 | 고대 자형 | 설명 |
|---|---|---|
| 革<br>가죽 혁 | | 본뜻은 털을 제거하고 가공한 가죽을 나타낸다.<br>靴-신 화 鞋-가죽신 혜 鞍-안장 안 |
| 韋<br>가죽 위 | | 韋는 違의 본래 글자로, 성곽 주위에 어긋 디디며 다닌 발자국<br>모양이다.<br>韓-나라 한 韤-버선 말 |
| 韭<br>부추 구 | | 부추의 모양을 본뜬 글자.<br>韮-부추 구 韱-부추 섬 |
| 音<br>소리 음 | | 言(말씀 언) 자의 기초 위에 작은 가로획을 더하여 音을 나타냄.<br>갑골문에서는 '言'으로 '音'을 나타냄.<br>韻-운 운 響-울릴 향 |
| 頁<br>머리 혈 | | 사람의 머리를 본뜬 글자.<br>頂-정수리 정 項-목 항 順-따를 순 須-모름지기 수<br>預-미리 예 頭-머리 두 頻-자주 빈 題-제목 제 顯-나타날 현 |
| 風<br>바람 풍 | | 갑골문, 금문의 風은 한 마리 봉황의 모습을 본뜬 글자 鳳을<br>가차하여 사용함.<br>飄-나부낄 표 颱-폭풍 표 |
| 飛<br>날 비 | | 나는 모습을 본뜬 글자. 飛(날 비)의 초기 형태는 非(아닐 비)임.<br>飜-번역할 번 |
| 食/𩙿<br>먹을 식 | | 음식을 담는 식기의 모습을 본뜬 글자. 본뜻은 음식이며, 동사<br>'먹다'로도 사용됨.<br>飯-밥 반 飮-마실 음 飽-배부를 포 養-기를 양 餐-밥 찬<br>館-객사 관 饑-주릴 기 饗-잔치할 향 |
| 首<br>머리 수 | | 갑골문의 首자는 짐승의 머리 모습을 나타냄.<br>馗-광대뼈 규 䤮-귀벨 괵 |
| 香<br>향기 향 | | 黍(기장 서)와 甘(달 감)이 합하여 이루어진 글자로, 기장을 삶을 때<br>나는 향기로부터 파생되어 향기의 뜻이 됨.<br>馚-향기 분 馧-향기로울 온 馨-향기로울 향 |

| 부수와 명칭 | 고대 자형 | 설명 |
|---|---|---|
| **10획** | | |
| 馬<br>말 마 | | 말의 모양을 본뜬 자.<br>馴-길들일 순 駐-머무를 주 駭-놀랄 해 騎-말탈 기<br>騷-떠들 소 驅-말몰 구 驚-놀랄 경 驛-역 역 |
| 骨<br>뼈 골 | | 갑골문에는 몇 개의 뼈가 교차로 놓여있는 모습이었으며, 후에<br>육(肉)을 더해 뼈와 살이 서로 이어져 있음을 나타냄.<br>骸-뼈 해 體-몸 체 髓-골수 수 髑-해골 촉 |
| 高<br>높을 고 | | 갑골문, 금문에서는 여러 층의 누각을 본뜬 모양.<br>鎬-흴 호 |
| 髟<br>머리털 표 | | 長(긴 장)과 彡(터럭 삼)의 결합으로, '머리털이 길다'는 뜻을 나타냄.<br>髮(발)의 부수이기 때문에 '터럭 발'이라고 속칭하기도 한다.<br>髥-수염 염 髮-터럭 발 髻-상투 계 |
| 鬥<br>싸울 투 | | 갑골문에 머리에 깃털 장식을 한 두 사람이 싸우고 있는 모습으로,<br>'싸우다'의 뜻.<br>鬧-시끄러울 료 鬪, 鬭, 鬮-싸움 투 |
| 鬯<br>술 창 | | 본래 의미는 '제사나 연회에서 마시는 좋은 술'을 나타냄.<br>鬱-답답할(울창할) 울 |
| 鬲<br>솥 력 | | 갑골문에 다리가 셋인 솥의 모양이 나타나 있음.<br>鬻-미음 죽 |
| 鬼<br>귀신 귀 | | 아래는 사람이고, 위는 이상한 머리 모양을 하고 있음.<br>魁-우두머리 괴 魂-넋 혼 魄-넋 백 魅-매혹할 매 魔-마귀 마 |
| **11획** | | |
| 魚<br>물고기 어 | | 물고기의 모양을 본뜬 글자.<br>魯-노나라 노 鯨-고래 경 鰲-자라 오 鱗-비늘 린 |
| 鳥<br>새 조 | | 새의 모양을 본뜬 글자.<br>鳧-오리 부 梟-올빼미 효 鷗-갈매기 구 鷺-백로 로<br>鴛-원앙새 원 鴦-원앙새 앙 鷲-수리 취 鸚-앵무새 앵 |

| 부수와 명칭 | 고대 자형 | 설명 |
|---|---|---|
| 鹵<br>소금밭 로 |  | 본래의 의미는 가공을 거치지 않은 천연 소금을 말함.<br>鹹-짤 함 鹽-소금 염 |
| 鹿<br>사슴 록 |  | 사슴의 모양을 본뜬 글자.<br>麤-거칠 추 麓-산기슭 록 麗-고울 려 麟-기린 린 |
| 麥<br>보리 맥 |  | 보리의 모양을 본뜬 글자.<br>麪[麵]-밀가루 면 麴[麯]-누룩 국 |
| 麻<br>삼 마 |  | 지붕 아래에서 麻(삼 마)를 말리고 있는 모습을 본뜬 글자.<br>麼-작을 마 麾-대장기 휘 |
| | | **12획** |
| 黃<br>누를 황 |  | 璜의 본래 글자로, 가슴 앞에 옥을 걸고 있는 모습을 본뜬 글자.<br>黋-씩씩할 광 |
| 黍<br>기장 서 |  | 기장을 나타낸 글자로, 갑골문에는 옆에 水(물 수)가 있는데, 이는 기장으로 술을 빚음을 나타낸다고 함.<br>黎-검을 려 黏-차질 점 |
| 黑<br>검을 흑 |  | 금문의 黑자는 아궁이에서 불이 타고 있는 모습이다. 그래서 불에 타서 검게 그을린 색을 의미하게 되었다고 함.<br>默-잠잠할 묵 點-점 점 黜-내칠 출 黨-무리 당 黯-검을 암<br>黛-눈썹먹 대 |
| 黹<br>바느질할 치 |  | 수를 놓다. 바느질하다의 의미.<br>黻-수 불 黼-수 보 |
| | | **13획** |
| 黽<br>맹꽁이 맹 |  | 맹꽁이의 모양을 본뜬 글자.<br>鼈-자라 별 鼉-악어 타 |
| 鼎<br>솥 정 |  | 고대에 음식을 익히던 솥의 모양을 본뜬 글자.<br>鼐-큰가마솥 내 |

| 부수와 명칭 | 고대 자형 | 설명 |
|---|---|---|
| 鼓<br>북 고 | | 북채를 잡고 북을 치고 있는 모습을 본뜬 글자.<br>鼙-마상고 비 |
| 鼠<br>쥐 서 | | 쥐의 모습을 본뜬 글자.<br>鼯-다람쥐 오 鼫-날다람쥐 석 |
| **14획** | | |
| 鼻<br>코 비 | | '코'의 모양을 본뜬 自(스스로 자)에 '畀(줄 비)'를 추가하여 '鼻(코 비)'가<br>됨.<br>鼾-코피 뉵 鼽-코풀 체 齅-냄새맡을 후 |
| 齊<br>가지런할 제 | | 갑골문에서는 세 개의 보리 이삭이 '가지런한'모양을 본뜬 글자.<br>齋-재계할 재 齎-가져올 재 |
| **15획** | | |
| 齒<br>이 치 | | 갑골문에서는 잇몸에 '이'가 아래위로 나란히 박힌 모양을<br>나타냈으며, 금문에서 발음 부호 止(그칠 지)를 추가하였음.<br>齡-나이 령 齧-물 설 齷-악착할 악 齪-악착할 착 |
| **16획** | | |
| 龍<br>용 룡 | | 고대 전설 속의 동물인 '용'의 모습을 본뜬 글자.<br>龔-공손할 공 龕-감실 감 |
| 龜<br>거북 귀 | | 거북이 모양을 본뜬 글자. |
| **17획** | | |
| 龠<br>피리 약 |  | 대나무로 만든 피리처럼 부는 고대의 악기를 본뜬 글자.<br>龢-화할 화 龡-불 취 |

# Ⅱ. 한자 학습의 기초: 자형과 어휘

# 육서에 대하여

한자의 육서론은 약 2000년 전 한나라 때 허신이 지은 『설문해자』에 처음 등장한다. 허신은 한자가 만들어진 방식을 상형(象形), 지사(指事), 회의(會意), 형성(形聲), 전주(轉注), 가차(假借)의 총 여섯 가지 방식으로 분류하였는데 이 육서론은 지금까지도 한자를 분석하는 중요한 기준이 되고 있다.

그러나 이러한 육서론은 상형과 지사, 상형과 회의의 경계가 모호하고, 형성자에 회의를 겸하는 글자들이 많은 등 몇가지 문제점이 있으며, 따라서 문자학 전문가들 사이에서는 새로운 한자 분류법을 제안하고 있기도 하다. 그러나 이 책은 문자학을 전문적으로 다루는 것이 아니라 한자의 구성 원리를 활용해 보다 쉽게 한자의 자형을 익히고 의미를 학습하도록 하는데 목적이 있기 때문에 기존의 육서론에 의거해 한자의 자형과 의미를 설명하고자 한다. 육서 가운데 한자의 활용 범주에 속하는 전주(轉注)와 가차(假借)는 별도로 예시를 들지 않고, 구조 범주에 속하는 상형(象形), 지사(指事), 회의(會意), 형성(形聲)의 원리에 따라 자형과 의미를 풀이하도록 한다.

### 1. 상형(象形)

구체적인 사물의 모양을 본떠 만든 글자로, 그림에 가까운 문자이다. 人(사람 인), 目(눈 목), 山(뫼 산), 水(물 수), 日(날 일), 月(달 월) 같은 글자가 여기에 속한다. 이런 유형의 문자는 초기에는 많았지만 그 수가 계속 늘어나는데는 한계가 있었다. 그래서 상형의 원리로 만들어진 글자의 총 수는 수백 개를 넘지 않는다. 그림 문자에서 발전된 이 방식은 종종 사물의 모양을 선형화하기가 쉽지 않은데다가 그리기도 복잡하고 시간이 많이 걸린다는 단점이 있었다. 한편 이렇게 그림의 형태와 비교적 가까웠던 상형문자도 오랜 시간이 흐르면서 문자변화의 큰 흐름이었던 부호화, 간략화를 거치며 초기의 원형과 멀어진 경우가 많다.

예: Ⅱ.자형과 어휘편 1~40

## 2. 지사(指事)

구체적인 사물의 모양을 본뜨는 상형의 한계를 극복할 수 있는 방법으로 지사가 활용되었는데, 이는 추상적인 개념을 상징적인 부호로 나타내는 방식이다. 지사문자는 上(위 상), 下(아래 하)처럼 단순 부호로 의미를 나타내거나, 本(근본 본), 末(끝 말)처럼 상형문자에 부호를 첨가하여 만드는 방식이 있다. 전자를 독체(獨體) 지사, 후자를 합체(合體) 지사라고 한다. 여기서 지사문자와 회의문자의 차이를 구분할 필요가 있는데, 합체 지사문자 '本'자를 예로 들어 설명하면 다음과 같다. '本'자는 '나무'를 가리키는 '木'과 '一'로 구성되어 있는데, 여기서 '一'이 '하나'라는 의미라면 회의가 되지만, '一'이 '하나'라는 뜻이 아니라 뿌리를 가리키는 부호이기 때문에 이는 지사자에 속한다. 이러한 지사문자는 글자를 만드는 조자(造字) 방법의 한계로 인해 이에 속하는 글자가 극히 소수이다.

예: Ⅱ.자형과 어휘편 41~57

## 3. 회의(會意)

회의는 상형과 지사를 기초로 두 개 이상의 의미요소를 결합해 보다 구체적이고 복잡한 의미를 나타내는 것을 말한다. 동일한 글자를 중복해 만든 林(수풀 림), 比(견줄 비)와 取(취할 취), 得(얻을 득) 등의 글자가 이에 속한다. 회의문자는 사물이나 상황을 묘사하는 것이 상형과 유사한 경우도 있지만, 의미단위로 쪼갤 수 없는 상형에 비해 2개 이상의 의미요소로 나눌 수 있다는 차이가 있다. 한편 2개 이상의 요소들이 조합되어 글자를 만들었다는 점에서 회의는 형성과 비슷하지만, 회의문자는 발음요소가 없고, 글자의 구성이 의미요소로만 이루어졌다는 점에서 형성과 다르다. 회의에 속하는 글자는 지사나 상형에 비해 많은 편이며, 형성보다는 많이 적다.

예: Ⅱ. 자형과 어휘편 58~86

## 4. 형성(形聲)

형성문자는 의미 범주를 나타내는 형부(形部. 의미요소)와 발음을 나타내는 성부(聲部. 발음요소)를 결합해 이루어진 글자를 말한다. 여기서 형부(의미요소)는 그 글자의 의미 범주를 암시한다. 의미요소와 발음요소를 결합하는 방식의 형성문자는 상형, 지사, 회의보다 수월하게 글자를 만들어낼 수 있어서 많은 글자들이 형성의 방식으로 만들어졌다. 형성자의 의미요소에 대해 몇 가지 예를 들어 보면 다음과 같다.

| 형부 | 나타내는 의미 | 형성자 |
|---|---|---|
| 水 | 물, 물과 관련된 것 | 江(강 강), 河(강 이름 하), 湖(호수 호), 沼(늪 소) |
| 木 | 나무, 나무로 만든 것 | 松(소나무 송), 杖(지팡이 장), 枝(가지 지), 根(뿌리 근) |
| 山 | 산, 산과 비슷한 모양 | 峯(봉우리 봉), 崇(높을 숭), 岩(바위 암), 岳(큰 산 악) |
| 手 | 손, 손동작 | 打, 扶, 抑, 投 |
| 心 | 마음, 생각 | 怒, 思, 悟, 恪 |

형성자의 발음요소는 당시의 음을 반영하고 있지만, 해당 글자의 음과 완전히 일치하는 것이 아니어서 표음 기능으로서의 역할이 불충분하다는 문제점이 있다. 글자의 발음요소가 그 글자의 발음과 일치하는 경우로는 발음요소 代(대)와 袋(자루 대), 貸(빌릴 대), 岱(대산 대), 黛(눈썹 먹 대)를 예로 들 수 있다. 그러나 干(방패 간)과 岸(언덕 안), 去(갈 거), 怯(겁낼 겁)의 경우나 工(장인 공)과 江(강 강)과 같은 경우는 발음요소와 이것이 들어있는 글자의 발음이 일치하지 않는다. 현대 중국어를 기준으로 볼 때 정확한 발음정보를 알려주는 성부는 전체의 7.17% 정도 밖에 되지 않는다고 한다.

형성자는 수가 매우 많아 전체 한자의 80%에 이른다. 한편 형성인 글자 가운데 일부는 발음요소가 의미요소를 겸하는 것들도 있다. 이런 글자를 '회의 겸 형성' 또는 '형성 겸 회의'라고 하는데, 이 책에서는 이런 글자들을 형성자 부분에서 다루었다.

예: II.자형과 어휘편 87~130

### 5. 전주(轉注)

전주에 대해서는 아직까지 분명하게 정의된 학설이 없이 여러 주장이 분분하다. 다만, 전주는 의미가 비슷한 글자로, 老(늙을 로)와 考(상고할 고), 亡(망할 망)과 無(없을 무), 始(처음 시)와 初(처음 초)의 예에서 처럼 서로 바꿔 사용할 수 있는 글자라는 점에는 의견이 일치하고 있다.

### 6. 가차(假借)

가차란 어떤 의미를 가진 글자를 만들어내기 어려울 때, 본래 의미와 상관 없으면서 단지 발음이 동일한 다른 글자를 빌려 쓰는 경우를 말한다. 예를 들어 코의 모양을 본떠 만든 自자는 원래 의미가 '코'였으나, 후에 '자신', '스스로' 등을 나타내는 의미로 가차되어 사용되었다. 아울러 自자가 '코'라는 뜻보다 '스스로'라는 뜻으로 쓰이는 예가 더 많아지자 '코'라는 의미를 보다 분명하게 나타내기 위해 '自'자에 발음 요소 畀(비)를 덧붙여 '鼻'자를 추가로 만들어 사용하게 되었다. 따라서 '自'자를 '코'라는 의미에서 본다면 이는 상형의 방식으로 만들어진 글자이나 '스스로'라는 뜻에서 보면 가차의 방식으로 기존에 있던 한자를 활용해 뜻을 표현한 경우이다.

## 자형과 어휘편

### 1. 상형(象形)

**001**

| 人 사람 인 | 갑골문 | 금문 | 금문대전 | 소전 | 예서 |
|---|---|---|---|---|---|
| | ⟋ | ⟋ | ⟋ | 尺 | 人 |

人자는 사람이 측면을 보고 서있는 모습을 본뜬 것으로, 왼쪽 편방으로 쓰일 때의 '亻'이 글자의 원래 형태에 가깝다. 또 '儿'의 형태로도 쓰인다.

인간(人間)
인물(人物)
인격(人格)
인종(人種)
인면수심(人面獸心)

**002**

| 手 손 수 | 갑골문 | 금문 | 금문대전 | 소전 | 예서 |
|---|---|---|---|---|---|
| | | ⼿ | ⼿ | ⼿ | 手 |

手자는 사람의 다섯 손가락과 손목의 모양을 본뜬 글자이며, 왼쪽 편방으로 쓰일 때는 '扌'로 쓴다. 본래 의미는 '손'이며, 후에 '손동작', '재주' 등의 의미로 뜻이 확대되었다.

수술(手術)
수건(手巾)
수기(手記)
착수(着手)
수수방관(袖手傍觀)

**003**

| 心 마음 심 | 갑골문 | 금문 | 금문대전 | 소전 | 예서 |
|---|---|---|---|---|---|
| |  | | | | |

心자는 심장을 본뜬 글자로, '忄', '㣺'의 형태로도 쓰인다. 본래 의미는 '심장'이며, 후에 '마음', '생각', '의지', '뜻' 등으로 의미가 확대되었다.

핵심(核心)
의심(疑心)
관심(關心)
조심(操心)
한심(寒心)
이심전심(以心傳心)

**004**

| 自 스스로 자 | 갑골문 | 금문 | 금문대전 | 소전 | 예서 |
|---|---|---|---|---|---|
| | | | | | |

自자는 코의 모양을 본뜬 글자로, 원래 '코'의 의미였으나, 후에 '자신', '스스로' 등의 의미로 뜻이 확대되었다. 이에 따라 '코'의 의미는 '自'자에 발음 요소인 畀(비)를 덧붙여 '鼻'자를 추가로 만들었다.

자신(自身)
자존(自尊)
자유(自由)
자제(自制)
자가당착(自家撞着)

| 目 눈 목 | 갑골문 | 금문 | 금문대전 | 소전 | 예서 |
|---|---|---|---|---|---|
| | | | | | |

目자는 눈과 눈동자의 모양을 본뜬 글자로, 점차 세로로 형태가 바뀌었다. 원래 '(사람의 )눈'의 의미이며, 후에 '안목', '제목', '조목' 등의 의미로 뜻이 확대되었다.

목표(目標)

목적(目的)

주목(注目)

괄목(刮目)

안목(眼目)

목불식정(目不識丁)

| 耳 귀 이 | 갑골문 | 금문 | 금문대전 | 소전 | 예서 |
|---|---|---|---|---|---|
| | | | | | |

耳자는 '사람의 귀'를 본뜬 글자로, 원래 '귀'의 의미이며, 후에 '귀 모양의 물건', '귀에 익다', '듣다' 등의 의미로 뜻이 확대되었다.

이순(耳順)

이명(耳鳴)

중이염(中耳炎)

이목구비(耳目口鼻)

이비인후과(耳鼻咽喉科)

### 007

| 身 | 갑골문 | 금문 | 금문대전 | 소전 | 예서 |
|---|---|---|---|---|---|
| 몸 신 | | | | | |

身자는 '人'자에 배가 불룩한 모습을 본뜬 글자로, 원래 임신한 몸을 나타냈으나, '사람의 몸통'이라는 의미로 뜻이 확대되었다.

신체(身體)
출신(出身)
헌신(獻身)
심신(心身)
수신(修身)
입신양명(立身揚名)

### 008

| 眉 | 갑골문 | 금문 | 금문대전 | 소전 | 예서 |
|---|---|---|---|---|---|
| 눈썹 미 | | | | | |

眉자는 눈과 눈 위의 눈썹을 본뜬 글자로, 본래 의미는 '눈썹'이다. 후에 '(눈썹이 긴) 노인', '(눈썹이 긴) 미녀' 등의 의미로 뜻이 확대되었다.

미간(眉間)
수미(愁眉)
백미(白眉)
초미(焦眉)

009

| 又 | 갑골문 | 금문 | 금문대전 | 소전 | 예서 |
|---|---|---|---|---|---|
| 또 우 | ㄱ | ㄱ | ㄱ | ㄱ | 又 |

又자는 '(오른) 손'을 본뜬 글자로, 본래 '손'의 의미이다. 후에 '또'라는 의미로 차용되어 쓰였고, 이러한 예가 많아지자 그 본래 의미는 '右'자를 만들어 나타냈다. '又'가 어떤 글자의 의미요소로 쓰일 경우, 손으로 하는 행위나 동작과 관련된 의미를 나타낸다.

일신우일신(日新又日新)
감지우감(減之又減)
박지우박(薄之又薄)

010

| 止 | 갑골문 | 금문 | 금문대전 | 소전 | 예서 |
|---|---|---|---|---|---|
| 그칠 지 | ㄅ | 止 | 止 | 止 | 止 |

止자는 사람의 발모양을 본뜬 글자로, 원래 '발자국'의 의미이다. 후에 '걷다', '행동하다', '머무르다', '멈추다', '금지하다' 등으로 뜻이 확대 사용되는 예가 많아졌으며, 이에 그 본래 의미는 의미요소 '足'을 추가해 '趾(발자국 지)'자를 만들어 나타냈다. 정지(停止)나 금지(禁止)의 止는 '그치다'의 뜻으로 풀이되지만, '발자국'과도 무관하지 않다.

정지(停止)
저지(沮止)
금지(禁止)
억지(抑止)
방지(防止)
행동거지(行動擧止)

**011**

| 木 나무 목 | 갑골문 | 금문 | 금문대전 | 소전 | 예서 |
|---|---|---|---|---|---|
| | 木 | 木 | 木 | 木 | 木 |

木자는 나무의 모양을 본뜬 글자로, 나무의 뿌리, 줄기, 가지가 표현되어 있다. 원래 '나무'를 의미하며, 후에 나무, 식물의 의미와 관련된 글자에서 의미요소로 사용되었다.

목초(木草)

목재(木材)

모과(木瓜)

식목(植木)

수목(樹木)

연목구어(緣木求魚)

**012**

| 山 뫼 산 | 갑골문 | 금문 | 금문대전 | 소전 | 예서 |
|---|---|---|---|---|---|
| | 山 | 山 | 山 | 山 | 山 |

山자는 산봉우리가 이어진 모양을 본뜬 글자로, 원래 '산'의 의미이다. 이 부수로 이루어진 글자는 대부분 '산'의 의미와 관련이 있다.

산맥(山脈)

산하(山河)

산림(山林)

산수(山水)

등산(登山)

타산지석(他山之石)

013

| 川<br>내 천 | 갑골문 | 금문 | 금문대전 | 소전 | 예서 |
|---|---|---|---|---|---|
| | |  |  |  |  |

川자는 계곡 사이로 흐르는 냇물을 본뜬 글자로, 원래 강보다는 작은 물줄기, 내, 하천을 뜻한다.

하천(河川)
산천(山川)
계천(溪川)
춘천(春川)
주야장천(晝夜長川)

014

| 水<br>물 수 | 갑골문 | 금문 | 금문대전 | 소전 | 예서 |
|---|---|---|---|---|---|
| |  |  |  |  |  |

水자는 흐르는 물을 본뜬 글자로, 쓰이는 위치에 따라 '氵', '氺'의 형태로도 쓴다. '물'과 관련된 글자에서 의미 요소로 쓰인다.

홍수(洪水)
수영(水泳)
수질(水質)
분수령(分水嶺)
수어지교(水魚之交)

015

| 竹<br>대나무 죽 | 갑골문 | 금문 | 금문대전 | 소전 | 예서 |
|---|---|---|---|---|---|
| | | | | | |

竹자는 대나무의 모양을 본뜬 글자로, 본래 의미는 '대나무'이다. 후에 대나무로 만든 제품과 관련된 글자의 의미요소로 사용되었다.

죽순(竹筍)

죽림(竹林)

죽창(竹槍)

폭죽(爆竹)

죽부인(竹夫人)

죽마고우(竹馬故友)

016

| 米<br>쌀 미 | 갑골문 | 금문 | 금문대전 | 소전 | 예서 |
|---|---|---|---|---|---|
| | | | | | |

米자는 벼나 조 또는 수수의 이삭 모양을 본뜬 글자로, 원래 '곡식'을 의미했으며, 후에 대표적인 곡식 '쌀'을 지칭하는 글자로 사용되었다. 곡물과 관련된 글자에서 의미요소로 사용된다.

백미(白米)

현미(玄米)

정미(精米)

미음(米飮)

미수(米壽)

017

| 禾 벼 화 | 갑골문 | 금문 | 금문대전 | 소전 | 예서 |
|---|---|---|---|---|---|
| | 𣎳 | 𣎳 | 𣎳 | 𣎳 | 禾 |

禾자는 여물어서 고개를 숙인 곡식의 모양을 본뜬 글자로, 본래 의미는 '곡식'이다. 후에 곡식의 대표인 '벼'를 의미하게 되었으며, 식물 또는 곡식과 관련된 글자의 의미요소로 사용된다.

화곡(禾穀)

화수(禾穗)

화서(禾黍)

018

| 牛 소 우 | 갑골문 | 금문 | 금문대전 | 소전 | 예서 |
|---|---|---|---|---|---|
| | 𤘈 | 𤘈 | 𤘈 | 𤘈 | 牛 |

牛자는 소의 머리를 본뜬 글자로, 소의 몸통 전체를 그리지 않고 뿔을 강조하여 나타냈다. 쓰이는 위치에 따라 '牜'로도 쓴다. 본래 '소'의 의미이며, 소 또는 소와 관련된 행동을 나타내는 글자의 의미요소로 사용된다.

육우(肉牛)

우유(牛乳)

우마(牛馬)

투우(鬪牛)

견우(牽牛)

우이독경(牛耳讀經)

**019**

| 馬<br>말 마 | 갑골문 | 금문 | 금문대전 | 소전 | 예서 |
|---|---|---|---|---|---|
| | 馬 | 馬 | 馬 | 馬 | 馬 |

馬자는 말의 모양을 본뜬 글자로, 말의 머리, 몸통, 다리, 꼬리가 잘 표현되어 있으며, 특히 말의 갈기가 강조되었다. 馬자 아래의 '灬'는 말의 다리가 변형된 것이다. 원래 '말'의 의미이며, '말' 또는 '교통수단'과 관련된 글자의 의미요소로 사용된다.

마차(馬車)

준마(駿馬)

출마(出馬)

낙마(落馬)

주마간산(走馬看山)

**020**

| 羊<br>양 양 | 갑골문 | 금문 | 금문대전 | 소전 | 예서 |
|---|---|---|---|---|---|
| | 羊 | 羊 | 羊 | 羊 | 羊 |

羊자는 뿔이 난 양의 모양을 본뜬 글자로, 양의 머리와 굽은 뿔이 강조된 형태이다. 원래 '양'의 의미이며, '상서롭다'의 의미로도 사용되었다.

산양(山羊)

양모(羊毛)

양피(羊皮)

희생양(犧牲羊)

망양보뢰(亡羊補牢)

021

| 豕 돼지 시 | 갑골문 | 금문 | 금문대전 | 소전 | 예서 |
|---|---|---|---|---|---|
| | | | | | |

豕자는 갑골문에 배가 볼록한 돼지의 모습을 본뜬 글자임이 잘 드러나 있다. 본래 의미는 '돼지'이다.

시뢰(豕牢)

시교수축(豕交獸畜)

022

| 犬 개 견 | 갑골문 | 금문 | 금문대전 | 소전 | 예서 |
|---|---|---|---|---|---|
| | | | | | |

犬자는 개의 모양을 본뜬 글자이다. 갑골문과 금문의 자형에는 개의 꼬리 모양이 강조되어 있다. 다른 글자의 의미요소로 사용될 때에는 '犭'으로 쓰기도 한다.

충견(忠犬)

맹견(猛犬)

애완견(愛玩犬)

광견병(狂犬病)

견원지간(犬猿之間)

| 角<br>뿔 각 | 갑골문 | 금문 | 금문대전 | 소전 | 예서 |
|---|---|---|---|---|---|
|  | | | | | |

角자는 동물의 뿔을 본뜬 글자로, 원래 '뿔'의 의미이다. 뿔이 끝부분에 있기 때문에 '구석', '모서리' 등의 의미로 확대되었고, 짐승들이 뿔을 이용해 싸우기 때문에 '겨루다', '다투다'의 의미로도 쓰였다.

각도(角度)

시각(視角)

두각(頭角)

총각(總角)

일각(一角)

교각살우(矯角殺牛)

| 魚<br>물고기 어 | 갑골문 | 금문 | 금문대전 | 소전 | 예서 |
|---|---|---|---|---|---|

魚자는 물고기의 모양을 본뜬 글자이다. 갑골문과 금문에는 물고기의 모양이 잘 나타나 있는데, 후에 물고기의 꼬리 부분이 '灬'의 형태로 변형되었다. 후에 물 水(수)를 추가하여 漁(고기 잡을 어)자가 만들어졌다.

어류(魚類)

어족(魚族)

어종(魚種)

어물(魚物)

건어(乾魚)

어두육미(魚頭肉尾)

025

| 貝 조개 패 | 갑골문 | 금문 | 금문대전 | 소전 | 예서 |
|---|---|---|---|---|---|
| | | | | | |

貝자는 '조개'의 모양을 본뜬 글자로, '조개'나 '화폐'의 의미를 가진 글자이다. 옛날에 조개껍질을 화폐로 사용했기 때문에 '貝'를 의미요소로 하는 글자들은 대부분 '돈', '재물'과 관련이 있다.

패류(貝類)
패총(貝塚)
어패류(魚貝類)

026

| 鳥 새 조 | 갑골문 | 금문 | 금문대전 | 소전 | 예서 |
|---|---|---|---|---|---|
| | | | | | |

鳥자는 새의 모양을 본뜬 글자로, 갑골문과 금문에 '새'의 모양이 잘 나타나 있다. 본래 의미는 '새'이며, 후에 조류와 관련된 글자의 의미요소로 사용되었다.

조류(鳥類)
조수(鳥獸)
화조(花鳥)
조감도(鳥瞰圖)
일석이조(一石二鳥)

| 隹 새 추 | 갑골문 | 금문 | 금문대전 | 소전 | 예서 |
|---|---|---|---|---|---|
| | | | | | |

隹자는 새의 모양을 본뜬 글자로, 본래 의미는 '새'이다. '隹'는 단독으로는 사용되지 못하고 조류와 관련된 글자에서 의미요소로만 사용되는데, 鳥(새 조)와 구분 없이 사용된다.

| 虫 벌레 훼/충 | 갑골문 | 금문 | 금문대전 | 소전 | 예서 |
|---|---|---|---|---|---|
| | | | | | |

虫자는 독사를 본뜬 글자로, 虺(살무사 훼)자의 본래 글자이다. 본래 의미는 '독사뱀'이며, 후에 '虫(벌레 훼)'는 부수로 쓰이고, 蟲(벌레 충)이 '벌레'를 의미하는 글자로 사용되었다.

곤충(昆蟲)

병충(病蟲)

해충(害蟲)

파충류(爬蟲類)

기생충(寄生蟲)

029

| 肉<br>고기 육 | 갑골문 | 금문 | 금문대전 | 소전 | 예서 |
|---|---|---|---|---|---|
| | ⽄ | | ⺼ | ⺼ | 肉 |

肉자는 갑골문에 잘라놓은 고기 덩어리의 모습이 잘 나타나 있는데, 금문과 소전에는 자형이 '月(달 월)'과 유사해졌다. 이 글자가 편방으로 쓰일 때에는 '月(육달월)'로 쓰인다. 본래 의미는 '살코기'이며, '사람', '사람의 신체'를 나타내는 글자의 의미요소로 사용된다.

육신(肉身)

혈육(血肉)

육박(肉薄)

육안(肉眼)

골육상잔(骨肉相殘)

양두구육(羊頭狗肉)

030

| 門<br>문 문 | 갑골문 | 금문 | 금문대전 | 소전 | 예서 |
|---|---|---|---|---|---|
| | 門 | 門 | 門 | 門 | 門 |

門자는 '양쪽의 여닫이 문'을 본뜬 글자로, 원래 문, 건물의 주요 출입문을 의미하며, 후에 집안, 문벌, 방법, 분야 등의 의미로 뜻이 확대되었다. 이 글자가 의미 요소로 쓰이는 경우, 관청 같은 큰집을 가리키는 예가 많다.

대문(大門)

문호(門戶)

명문(名門)

문벌(門閥)

전문(專門)

문전성시(門前成市)

031

| | 갑골문 | 금문 | 금문대전 | 소전 | 예서 |
|---|---|---|---|---|---|
| 車<br>수레 거/차 | | | | | |

車자는 수레의 모양을 본뜬 글자로, 원래 '수레'의 의미이다. 자형은 수레 모양이 점차 생략되어 후에는 수레 바퀴만 남았다. 후에 '탈것', '자동차' 등의 의미로 확대되었으며, 교통수단과 관련된 글자의 의미요소로 사용된다. 대체로 '수레'를 뜻하는 경우에는 '거'로 읽고, 자동차와 관련이 있는 경우에는 '차'로 읽는다.

차량(車輛)
열차(列車)
박차(拍車)
주차(駐車)
정거장(停車場)
전거복철(前車覆轍)

032

| | 갑골문 | 금문 | 금문대전 | 소전 | 예서 |
|---|---|---|---|---|---|
| 行<br>다닐 행 | | | | | |

行자는 갑골문에서 네거리 모양을 본뜬 글자로, 원래 '사거리'의 의미이며, 이로부터 '길', '다니다', '행하다', '순서', '서열' 등의 의미로 뜻이 확대되었다. '항렬'을 뜻하는 경우에는 '항'으로 읽는다.

행동(行動)
행위(行爲)
이행(履行)
시행(施行)
관행(慣行)
숙려단행(熟慮斷行)

033

| 示 보일 시 | 갑골문 | 금문 | 금문대전 | 소전 | 예서 |
|---|---|---|---|---|---|
| | 丅 | 丁 | 示 | 示 | 示 |

示자는 神主(신주) 모양을 본뜬 글자로, '신주', 즉 제사를 받는 죽은 사람의 위패가 본래 의미이며, 후에 '알리다', '보이다', '나타내다' 등의 의미로 뜻이 확대되었다. 글자의 위치에 따라 'ネ'의 형태로 쓰기도 한다. 이 글자가 의미 요소로 쓰인 글자들은 대부분 제사와 관련이 있다.

제시(提示)
지시(指示)
전시(展示)
시위(示威)
시범(示範)
염화시중(拈華示衆)

034

| 酉 닭 유 | 갑골문 | 금문 | 금문대전 | 소전 | 예서 |
|---|---|---|---|---|---|
| | 酉 | 酉 | 酉 | 酉 | 酉 |

酉자는 술을 담근 술독 모양을 본뜬 글자로, 본래 의미는 '술항아리', '술단지'이다. 후에 각종 그릇과 관련된 글자의 의미요소로 사용되었으며, 12地支(지지) 가운데 10번째 글자로 차용되어 '닭'을 의미하게 되었다. 이것이 의미 요소로 쓰인 글자들은 대부분 '술' 또는 '술을 담는 그릇'과 관련이 있으며, '닭'과는 아무런 상관이 없다.

정유재란(丁酉再亂)

| 矛<br>창 모 | 갑골문 | 금문 | 금문대전 | 소전 | 예서 |
|---|---|---|---|---|---|
| | | | | | |

矛자는 자루가 긴 창의 모양을 본뜬 글자로, 주로 고대에 적을 찌르기 위해 사용되던 무기의 일종이다. 본래 의미는 '(자루가 긴) 창'이며, 후에 '무기', '무력', '전쟁'의 의미로 뜻이 확대되었다.

과모(戈矛)
모순(矛盾)

| 刀<br>칼 도 | 갑골문 | 금문 | 금문대전 | 소전 | 예서 |
|---|---|---|---|---|---|
| | | | | | |

刀자는 칼의 모양을 본뜬 글자로, 갑골문에 칼자루와 칼의 몸체가 잘 표현되어 있다. 글자의 위치에 따라 '刂'로 쓰기도 한다. 본래 의미는 '칼'이며, 후에 '날카롭다', '예리하다' 등의 의미로 뜻이 확대되었다.

도검(刀劍)
면도(面刀)
집도(執刀)
과도(果刀)
단도직입(單刀直入)

| 舟<br>배 주 | 갑골문 | 금문 | 금문대전 | 소전 | 예서 |
|---|---|---|---|---|---|
| | | | | | |

舟자는 작은 나룻배의 모습을 본뜬 글자로, 본래 의미는 '배'이다. 수상교통과 관련된 글자의 의미요소로 사용된다. 후에 소리요소가 추가되어 '船'자가 만들어졌다.

방주(方舟)
편주(片舟)
주유(舟遊)
오월동주(吳越同舟)
각주구검(刻舟求劍)

| 日<br>날 일 | 갑골문 | 금문 | 금문대전 | 소전 | 예서 |
|---|---|---|---|---|---|
| | | | | | |

日자는 해의 모양을 본뜬 글자로, 본래 의미는 '해', '태양'이며, 후에 '낮', '날짜', '빛' 등의 의미로 뜻이 확대되었다.

일정(日程)
일기(日記)
일상(日常)
연일(連日)
일취월장(日就月將)

| 月 | 갑골문 | 금문 | 금문대전 | 소전 | 예서 |
|---|---|---|---|---|---|
| 달 월 | | | | | |

월자는 달의 모양을 본뜬 글자로, 본래 의미는 '달'이다. 후에 '세월', '한 달' 등의 의미로 뜻이 확대되었다. 또 달은 저녁에 볼 수 있기 때문에 갑골문과 금문에는 '夕(저녁 석)'과 통용되었으며, 소전 이후에 두 글자가 분화되었다.

월급(月給)
월간(月刊)
세월(歲月)
월세(月貰)
당구풍월(堂狗風月)

| 力 | 갑골문 | 금문 | 금문대전 | 소전 | 예서 |
|---|---|---|---|---|---|
| 힘 력 | | | | | |

力자는 농기구의 일종인 '삽' 또는 '가래'의 모양을 본뜬 글자로, 원래 의미는 '농기구'이다. 후에 '힘', '힘쓰다' 등의 의미로 뜻이 확대되었다.

노력(勞力)
세력(勢力)
역량(力量)
학력(學力)
효력(效力)
전력투구(全力投球)

## 2. 지사(指事)

**041**

| 上 | 갑골문 | 금문 | 금문대전 | 소전 | 예서 |
|---|---|---|---|---|---|
| 위 상 | ᅳ | 上 | ᆖ | 上 | 上 |

上자는 갑골문에서 하나의 긴 선 위에 짧은 선을 하나 더 그어 '위'라는 의미를 나타냈다. 본래 의미는 '위'이며, 후에 '꼭대기(頂上)', '높은 곳으로 올라가다(上山)', '임금(主上)' 등의 의미로 뜻이 확대되었다.

상승(上昇)
인상(引上)
이상(以上)
정상(頂上)
금상첨화(錦上添花)

**042**

| 下 | 갑골문 | 금문 | 금문대전 | 소전 | 예서 |
|---|---|---|---|---|---|
| 아래 하 | ᅡ | 下 | ᆖ | 下 | 下 |

下자는 갑골문, 금문에서는 긴 가로획 아래 짧은 선을 그어 '아래'라는 의미를 나타냈다. 본래 의미는 '아래'이며, 후에 '낮다', '바닥', '부하', '내리다' 등의 의미로 뜻이 확대되었다.

하강(下降)
하락(下落)
이하(以下)
귀하(貴下)
안하무인(眼下無人)

043

| 한 일 | 갑골문 | 금문 | 금문대전 | 소전 | 예서 |
|---|---|---|---|---|---|
| | ― | ― | ― | | ― |

一자는 한 획을 그어 '하나'라는 의미를 나타냈다. 이와 같은 방법으로 '一', '二', '三'까지 나타냈다. 본래 의미는 '하나'이며, 후에 '첫째', '모두', '어느', '변함없는', '같다' 등의 의미로 뜻이 확대되었다.

일반(一般)
일단(一旦)
일정(一定)
유일(唯一)
건곤일척(乾坤一擲)

044

| 두 이 | 갑골문 | 금문 | 금문대전 | 소전 | 예서 |
|---|---|---|---|---|---|
| | ニ | ニ | ニ | | 二 |

二자는 두 줄을 그어 '둘'이라는 의미를 나타냈다. 본래 의미는 '둘'이며, 후에 '두 가지', '둘째', '다른' 등의 의미로 뜻이 확대되었다.

이친(二親)
이중(二重)
이인칭(二人稱)
일석이조(一石二鳥)

| 三 석 삼 | 갑골문 | 금문 | 금문대전 | 소전 | 예서 |
|---|---|---|---|---|---|
| | 三 | 三 | | 三 | 三 |

三자는 세 줄을 그어 '셋'이라는 의미를 나타냈다. 본래 의미는 '셋'이며, 후에 '셋째'의 의미로 뜻이 확대되었다.

삼복(三伏)

삼촌(三寸)

삼족오(三足烏)

삼경(三經)

조삼모사(朝三暮四)

| 五 다섯 오 | 갑골문 | 금문 | 금문대전 | 소전 | 예서 |
|---|---|---|---|---|---|
| | | 五 | 五 | 五 | 五 |

五자는 '×' 모양에 위와 아래에 한 줄씩을 더 그은 형태가 지금의 형태로 바뀌었다. 본래 의미는 '교차하다'이며, 숫자 '다섯'과는 연관이 없었다. 후에 이 글자는 숫자 '다섯'을 나타내는 글자로 가차되어 사용되었다.

오륜(五倫)

오복(五福)

오행(五行)

오감(五感)

오리무중(五里霧中)

| 七 일곱 칠 | 갑골문 | 금문 | 금문대전 | 소전 | 예서 |
|---|---|---|---|---|---|
| | 十 | 十 | 十 | 七 | 七 |

七자의 갑골문은 '十'자가 곧고 길게 뻗친 모양이었다. 후에 모든 글자들이 사각형으로 정형화되자 밑 부분을 옆으로 구부려 지금의 형태가 되었다. '일곱'이라는 의미와는 연관성이 없는 단순 부호에 불과한 것이었으며, 후에 '일곱'의 의미로 가차되었다.

칠석(七夕)
칠언(七言)
칠순(七旬)
칠거(七去)
칠전팔기(七顚八起)

| 十 열 십 | 갑골문 | 금문 | 금문대전 | 소전 | 예서 |
|---|---|---|---|---|---|
| | 丨 | 丨 | | 十 | 十 |

十자는 나뭇가지나 줄에 매듭을 지어 '열'이라는 의미를 나타냈다. 금문에 매듭이 잘 나타나 있는데, 후에 매듭 부분이 옆으로 펼쳐져 '十'과 같은 모습으로 바뀌었다. 이 밖에도 '20'은 '卄(입)', '30'은 '卅(삽)', '40'은 '卌(십)'으로 표기했으나 지금은 잘 사용되지 않는다.

십간(十干)
십장생(十長生)
십상(十常)
십분(十分)
십시일반(十匙一飯)

| 本 근본 본 | 갑골문 | 금문 | 금문대전 | 소전 | 예서 |
|---|---|---|---|---|---|
| | | ﹟ | ﹟ | ﹟ | 本 |

本자는 '나무 목'에 점을 추가하여 나무의 뿌리를 강조한 글자로, 뿌리를 나타내던 점은 후에 '一'로 변형되어 현재의 자형이 되었다. 본래 의미는 '나무뿌리'이며, 후에 '근원', '바탕', '밑천' 등의 의미로 뜻이 확대되었다.

본질(本質)
본인(本人)
자본(資本)
기본(基本)
발본색원(拔本塞源)

| 末 끝 말 | 갑골문 | 금문 | 금문대전 | 소전 | 예서 |
|---|---|---|---|---|---|
| | | ﹟ | ﹟ | ﹟ | 末 |

末자는 '나무 木'의 위쪽에 점을 추가하여 '가지 끝'을 강조한 글자로, 가지 끝을 나타내던 점은 후에 '一'로 변형되어 현재의 자형이 되었다. '本'자와 반대 개념으로 만들어진 글자로, 본래 의미는 '나무 가지의 끝'이며, 후에 '끝', '꼭대기', '마지막', '중요하지 않은 부분' 등의 의미로 뜻이 확대되었다.

말기(末期)
말엽(末葉)
종말(終末)
전말(顚末)
본말전도(本末顚倒)

051

| 刃 칼날 인 | 갑골문 | 금문 | 금문대전 | 소전 | 예서 |
|---|---|---|---|---|---|
| | | | | | |

刃자는 '칼 도'자에 점을 찍어 칼날의 위치를 가리켰다. 본래 의미는 '칼날'이며, 후에 '베다', '죽이다'의 의미로도 사용되었다.

병인(兵刃)

인상(刃傷)

양인지검(兩刃之劍)

052

| 寸 마디 촌 | 갑골문 | 금문 | 금문대전 | 소전 | 예서 |
|---|---|---|---|---|---|
| | | | | | |

寸자는 '손'을 나타내는 '又'자 밑에 'ㅡ'을 추가하여 손목에서 맥을 짚어보는 곳, 즉 촌구(寸口)를 나타내고 있다. 본래 의미는 '촌맥(寸脈)'이며, 후에 길이의 단위(한 자(尺)의 1/10), 아주 짧거나 작은 것, '근소한', '약간의' 등의 의미로 뜻이 확대되었다.

촌수(寸數)

촌극(寸劇)

촌음(寸陰)

촌지(寸志)

촌철살인(寸鐵殺人)

053

| 凶 | 갑골문 | 금문 | 금문대전 | 소전 | 예서 |
|---|---|---|---|---|---|
| 흉할 흉 | | | | | |

凶자는 짐승을 잡기 위해 파놓은 함정(凵)에 빠진 상태를 나타내는 표시(×)를 추가한 글자로, 본래 의미는 '흉하다'이다. 후에 여러가지 '재앙'의 의미로 뜻이 확대되었다.

흉기(凶器)

흉조(凶兆)

흉악(凶惡)

흉물(凶物)

길흉화복(吉凶禍福)

054

| 元 | 갑골문 | 금문 | 금문대전 | 소전 | 예서 |
|---|---|---|---|---|---|
| 으뜸 원 | | | | | |

元자는 우뚝 서 있는 사람(兀 우뚝할 올)의 머리 모습을 강조한 글자로, 'ㅡ'은 머리 꼭대기를 가리키는 부호이다. 본래 의미는 '머리'이며, 후에 '처음', '으뜸', '임금' 등의 의미로 뜻이 확대되었다.

원수(元首)

원래(元來)

복원(復元)

원시(元始)

다원주의(多元主義)

| 引 끌 인 | 갑골문 | 금문 | 금문대전 | 소전 | 예서 |
|---|---|---|---|---|---|
| | | | | | |

引자는 활의 모양을 본뜬 弓(궁)자에 활을 당기는 방향을 나타내던 부호 'ㅣ'을 추가하여 이루어진 글자로, 본래 의미는 '당기다'이며, 후에 '끌다', '늘이다' 등의 의미로 뜻이 확대되었다.

인수(引受)
인도(引導)
할인(割引)
인용(引用)
아전인수(我田引水)

| 尺 자 척 | 갑골문 | 금문 | 금문대전 | 소전 | 예서 |
|---|---|---|---|---|---|
| | | | | | |

尺자의 무릎을 90도로 구부리고 팔을 수평으로 들고 서있는 자세를 본뜬 '尸(주검 시)'자에 다리의 장딴지 부분을 가리키는 한 획 추가한 글자이다. 본래 의미는 발바닥에서 장딴지까지의 거리(1尺은 10寸이며, 대략 30cm를 말한다)를 의미한다. 후에 '자', '길이' 등의 의미로 뜻이 확대되었다.

척도(尺度)
지척(咫尺)
월척(越尺)
백척간두(百尺竿頭)

057

| 日 | 갑골문 | 금문 | 금문대전 | 소전 | 예서 |
|---|---|---|---|---|---|
| 가로 왈 | 日 | 日 |  | 日 | 日 |

曰자는 입(口)에 말소리가 나옴을 상징하는 부호 '一'을 추가한 글자로, 본래 의미는 '말하다' 이다. 후에 '일컫다'의 의미로 뜻이 확대되었다. 고전 문장에서 단일 낱말로 쓰였을 뿐이며 다른 글자와 더불어 낱말을 형성하는 예는 없다.

혹왈(或曰)
왈가왈부(曰可曰否)

## 3. 회의(會意)

**058**

| 林 수풀 림 | 갑골문 | 금문 | 금문대전 | 소전 | 예서 |
|---|---|---|---|---|---|
| | | | | | |

林자는 나무(木) 두 개를 합쳐 나무가 많은 숲을 나타낸 글자로, 본래 의미는 '숲'이다. 후에 '모임', '야외', '많다' 등의 의미로 뜻이 확대되었다.

산림(山林)
농림(農林)
임업(林業)
유림(儒林)
주지육림(酒池肉林)

**059**

| 森 나무 빽빽할 삼 | 갑골문 | 금문 | 금문대전 | 소전 | 예서 |
|---|---|---|---|---|---|
| | | | | | |

森자는 나무(木)를 세 개나 겹쳐 놓아, '나무가 빽빽하다', '숲이 무성하다'라는 의미를 나타낸다. 삼(三)은 '많다'는 뜻을 갖는다.

삼림(森林)
삼엄(森嚴)
삼라만상(森羅萬象)

**060**

| 相 서로 상 | 갑골문 | 금문 | 금문대전 | 소전 | 예서 |
|---|---|---|---|---|---|
| | | | | | |

相자는 나무(木)와 눈(目) 두 의미 요소로 이루어졌으며, 눈으로 나무를 살펴보는 모습을 본뜬 글자이다. 부수는 편의상 目으로 지정되었다. 본래 의미는 '살피다'이며, 후에 '형상', '보다', '돕다' 등의 의미로 확대되었고, '서로'라는 뜻으로도 활용된다.

상대(相對)
상호(相互)
상당(相當)
진상(眞相)
동병상련(同病相憐)

**061**

| 析 쪼갤 석 | 갑골문 | 금문 | 금문대전 | 소전 | 예서 |
|---|---|---|---|---|---|
| | | | | | |

析자는 갑골문에서는 나무와 도끼의 모양을 본뜬 글자로, '도끼로 나무를 쪼개다'의 의미를 나타낸다. 본래 의미는 '가르다'이며, 후에 '나누다', '흩어지다' 등의 의미로 뜻이 확대되었다. 두 의미 요소 중에서 木이 부수로 지정된 것은 좌우 구조의 경우 대개는 왼쪽이 부수로 지정되는 일반적인 관례에 따른 것이다.

분석(分析)
해석(解析)
호분누석(毫分縷析)

062

| 休 쉴 휴 | 갑골문 | 금문 | 금문대전 | 소전 | 예서 |
|---|---|---|---|---|---|
| | | | | | |

休자는 사람(人)이 나무(木)에 기대어 쉬고 있는 모습을 본뜬 글자로, 본래 의미는 '쉬다'이다. 후에 '그만두다', '멈추다', '편안하다' 등의 의미로 뜻이 확대되었다.

휴가(休假)
휴일(休日)
연휴(連休)
휴직(休職)
연중무휴(年中無休)

063

| 出 날 출 | 갑골문 | 금문 | 금문대전 | 소전 | 예서 |
|---|---|---|---|---|---|
| | | | | | |

出자는 산속 동굴(凵)에서 걸어 나오는 발(止)의 모습을 본뜬 글자로, 본래 의미는 '나오다'이다. 후에 '떠나다', '추방하다', '버리다', '태어나다' 등의 의미로 뜻이 확대되었다.

출범(出帆)
출석(出席)
출발(出發)
노출(露出)
청출어람(靑出於藍)

064

| 見 볼 견 | 갑골문 | 금문 | 금문대전 | 소전 | 예서 |
|---|---|---|---|---|---|
| | | | | | |

見자는 사람(人)에 눈(目)을 더한 글자로, 사람이 눈을 크게 뜨고 보는 모습이다. 본래 의미는 '보다'이고, 후에 '보이다', '마음에 터득하다', '변별하다', '소견', '생각' 등의 의미로 뜻이 확대되었다.

견본(見本)

견습(見習)

견해(見解)

견지(見地)

견물생심(見物生心)

065

| 臭 냄새 취 | 갑골문 | 금문 | 금문대전 | 소전 | 예서 |
|---|---|---|---|---|---|
| | | | | | |

臭자는 개(犬)와 코(自)가 합쳐진 글자로, 개가 냄새를 맡고 있는 모습을 형상화하였다. 본래 의미는 '냄새 맡다'이고, 후에 '냄새'의 의미로 뜻이 확대되었다. 오늘날에는 臭(취)는 '악취'를 의미하고, 臭(취)에 口(구)를 더한 嗅(후)가 '냄새 맡다'의 의미로 사용된다.

악취(惡臭)

체취(體臭)

무취(無臭)

향취(香臭)

구상유취(口尙乳臭)

| 奔 달릴 분 | 갑골문 | 금문 | 금문대전 | 소전 | 예서 |
|---|---|---|---|---|---|
| | | | | | |

奔자는 사람이 급히 뛰는 모습과 세 개의 발자국이 합해져 급히 뛰는 모습을 나타낸 글자이다. 본래 의미는 '빨리 달리다'이고, 후에 '빠르다', 도망가다'의 의미로 뜻이 확대되었다.

분주(奔走)
분방(奔放)
광분(狂奔)
도분(逃奔)
동분서주(東奔西走)

| 突 갑자기 돌 | 갑골문 | 금문 | 금문대전 | 소전 | 예서 |
|---|---|---|---|---|---|
| | | | | | |

突자는 동굴에서 개가 뛰어나오는 모습을 형상화한 글자로, 구멍(穴)과 개(犬) 두 의미 요소가 합쳐진 것이다. 본래 의미는 '갑자기 뛰어 나오다'이고, 후에 '갑자기', '내밀다', '부딪치다' 등의 의미로 뜻이 확대되었다.

돌입(突入)
충돌(衝突)
돌연(突然)
당돌(唐突)
좌충우돌(左衝右突)

**068**

| 然 | 갑골문 | 금문 | 금문대전 | 소전 | 예서 |
|---|---|---|---|---|---|
| 그러할/불탈 연 | | 然 | 然 | 然 | 然 |

然자는 개(犬)와 불(灬), 고기(月)의 세 의미요소가 합쳐진 글자로, 개를 잡을 때 털을 태우는 모습을 형상화 한 것이다. 본래 의미는 '불태우다'이며, 후에 '그러하다'라는 뜻으로 차용되는 예가 많아지자, '불태우다'의 뜻으로는 火(화)를 더 추가하여 '燃(태울 연)'자를 만들었다.

자연(自然)

당연(當然)

개연(蓋然)

우연(偶然)

태연자약(泰然自若)

**069**

| 取 | 갑골문 | 금문 | 금문대전 | 소전 | 예서 |
|---|---|---|---|---|---|
| 취할 취 | 取 | 取 | 取 | 取 | 取 |

取자는 손(又)에 적군의 귀(耳)를 들고 있는 모습을 형상화 한 글자로, 옛날에 전쟁에서 적군을 무찌른 징표로 적군의 귀를 베어오면 상을 주던 것에서 나온 것이다. 본래 의미는 '빼앗다'이고, 후에 '가지다', '받다' 등의 의미로 뜻이 확대되었다.

취소(取消)

착취(搾取)

취급(取扱)

취득(取得)

단장취의(斷章取義)

070

| 敗 패할 패 | 갑골문 | 금문 | 금문대전 | 소전 | 예서 |
|---|---|---|---|---|---|
| | | | | | 敗 |

敗자는 부수이자 의미요소인 치다(攴/攵)와 의미요소 조개(貝)가 합쳐져 이루어진 글자로, 본래 의미는 '망가지다'이며, 후에 '부서지다', '변질되다', '달아나다' 등의 의미로 뜻이 확대되었다.

부패(腐敗)
패배(敗北)
실패(失敗)
패주(敗走)
패가망신(敗家亡身)

071

| 買 살 매 | 갑골문 | 금문 | 금문대전 | 소전 | 예서 |
|---|---|---|---|---|---|
| | | | | | 買 |

買자는 의미요소 그물(网/罒)과 의미요소 조개(貝)가 합쳐져 그물로 조개를 걷어올리는 모습을 나타낸 글자이다. 옛날에 조개는 돈으로 활용되었고 돈이 있으면 물건을 구입할 수 있었기 때문에 '사다'라는 의미를 나타냈다.

매매(賣買)
구매(購買)
매수(買收)
매입(買入)
매점매석(買占賣惜)

| 072 得 얻을 득 | 갑골문 | 금문 | 금문대전 | 소전 | 예서 |
|---|---|---|---|---|---|
| | 徴 | 得 | 得 | 得 | 得 |

得자는 의미요소인 길거리(彳), 재물(貝), 손(又)이 합쳐져 이루어진 글자로, '길거리에서 재물을 얻다'라는 의미를 나타내고 있다. 본래 의미는 '(재물을) 손에 넣다'이며, 후에 '얻다', '알다', '깨닫다', '만족하다' 등의 의미로 뜻이 확대되었다.

획득(獲得)

득의(得意)

득세(得勢)

득표(得票)

득어망전(得魚忘筌)

| 073 集 모일 집 | 갑골문 | 금문 | 금문대전 | 소전 | 예서 |
|---|---|---|---|---|---|
| | 集 | 集 | 集 | 集 | 集 |

集자는 나무 위에 새가 앉아 있는 모습을 본뜬 글자로, 본래 의미는 '모이다'이다. 후에 '만나다', '이르다', '도착하다' 등의 의미로 뜻이 확대되었다.

집중(集中)

모집(募集)

집합(集合)

수집(蒐集)

이합집산(離合集散)

| 益 더할 익 | 갑골문 | 금문 | 금문대전 | 소전 | 예서 |
|---|---|---|---|---|---|
| | | | | | |

益자는 그릇(皿)에 담긴 물(水)이 흘러 넘치는 모양을 본뜬 글자로, 본래 의미는 '(물이) 흘러 넘치다' 뜻이다. 후에 이 글자는 '풍족하다', '이롭다', '이득', '더하다' 등의 의미로 확대되어 사용되자, 이에 '(물이) 흘러 넘치다'의 뜻으로는 의미요소 水(물 수)를 추가하여 溢(넘칠 일)자를 만들었다.

권익(權益)
이익(利益)
손익(損益)
편익(便益)
익자삼우(益者三友)

| 正 바를 정 | 갑골문 | 금문 | 금문대전 | 소전 | 예서 |
|---|---|---|---|---|---|
| | | | | | |

正자는 갑골문에서 성벽으로 둘러싸인 성(城) '口'와 발자국을 나타내는 '止'가 합쳐진 글자로, 본래 의미는 '정벌하다'이다. 후에 '곧다', '올바르다', '바로잡다', '정면'등의 의미로 사용되자, '정벌하다'는 의미로는 길거리(彳)를 나타내는 의미요소를 추가하여 征(칠 정)자를 만들었다.

정곡(正鵠)
정공(正攻)
정규(正規)
정직(正直)
정정당당(正正堂堂)

**076**

| 至 | 갑골문 | 금문 | 금문대전 | 소전 | 예서 |
|---|---|---|---|---|---|
| 이를 지 | ⫯ | ⫯ | | ⫯ | 至 |

至자는 갑골문과 금문에서는 아래로 향한 화살이 땅을 상징하는 가로획(一)에 떨어지는 모양을 형상화 하고 있다. 본래 의미는 '도달하다'이며, 후에 '두루 미치다', '지극히', '마침내' 등의 의미로 뜻이 확대되었다.

동지(冬至)
지고(至高)
내지(乃至)
자초지종(自初至終)
지성감천(至誠感天)

**077**

| 宰 | 갑골문 | 금문 | 금문대전 | 소전 | 예서 |
|---|---|---|---|---|---|
| 재상 재 | 宰 | 宰 | | 宰 | 宰 |

宰자는 관청의 집을 나타내는 의미요소 宀(면)과 칼을 나타내는 의미요소 辛(신)이 합쳐진 글자로, 본래 의미는 관청에서 형벌을 담당하던 '벼슬아치'이다. 후에 '주관하다', '재상' 등의 의미로 뜻이 확대되었다.

재상(宰相)
주재(主宰)
반식재상(伴食宰相)

| 逐 | 갑골문 | 금문 | 금문대전 | 소전 | 예서 |
|---|---|---|---|---|---|
| 쫓을 축 | | | | | |

逐자는 갑골문에서 돼지와 돼지를 쫓아가는 발의 모습을 형상화 하고 있다. 금문에서는 여기에 길거리를 나타내는 彳(척)이 더해져 '뒤쫓다'의 의미가 강조되었고, 소전에서는 이것이 다시 辶(착)이 되면서 지금의 逐(축)자가 만들어졌다. 본래 의미는 '쫓다'이고, 후에 '쫓아내다', '추구하다', '경쟁하다' 등의 의미로 뜻이 확대되었다.

축출(逐出)
축일(逐日)
각축(角逐)
구축(驅逐)
축계망리(逐鷄望籬)

| 災 | 갑골문 | 금문 | 금문대전 | 소전 | 예서 |
|---|---|---|---|---|---|
| 재앙 재 | | | | | |

災자는 灾(재앙 재)와 같은 글자로, 갑골문에서는 집에 불이 난 모양을 나타내고 있으며, 금문에서는 불(火)과 물(川)이 합쳐진 재앙을 나타내고 있다. 현재 한국에서는 災자가 표준체로, 중국에서는 灾자가 표준체로 쓰이고 있다. 본래 의미는 '화재'이며, '재앙', '불태우다', '재앙을 내리다', '응징하다' 등의 의미로 뜻이 확대되었다.

재앙(災殃)
재해(災害)
재난(災難)
이재민(罹災民)
천재지변(天災地變)

| 080 | 갑골문 | 금문 | 금문대전 | 소전 | 예서 |
|---|---|---|---|---|---|
| 涉<br>건널 섭 | | | | | |

涉자는 중간에 흐르는 물이 있고 물의 양쪽에 두 개의 발 모양이 있어 '물을 건너는 모습'을 본뜬 글자이다. 본래 의미는 '(물을) 건너다'이며, 후에 '지나다', '겪다', '이르다' 등의 의미로 뜻이 확대되었다.

섭렵(涉獵)

간섭(干涉)

교섭(交涉)

섭외(涉外)

무불간섭(無不干涉)

| 081 | 갑골문 | 금문 | 금문대전 | 소전 | 예서 |
|---|---|---|---|---|---|
| 步<br>걸음 보 | | | | | |

步자는 갑골문과 금문에서 두 발의 모양을 본뜬 글자로, 한 발 한 발 내딛는 것을 나타냈다. 본래 의미는 '걷다'이며, 후에 '(거리의 단위) 보', '행위', '처하다', '재다' 등의 의미로 뜻이 확대되었다.

보도(步道)

보행(步行)

양보(讓步)

초보(初步)

진보주의(進步主義)

| 好 좋을 호 | 갑골문 | 금문 | 금문대전 | 소전 | 예서 |
|---|---|---|---|---|---|
| | | | | | |

好자는 여자가 아이를 품에 안고 있는 모습을 본뜬 글자로, 본래 의미는 '좋다'이다. 후에 '좋아하다', '훌륭하다', '사이좋다' 등의 의미로 뜻이 확대되었다.

호황(好況)
호전(好轉)
선호(選好)
기호(嗜好)
호사다마(好事多魔)

| 化 될 화 | 갑골문 | 금문 | 금문대전 | 소전 | 예서 |
|---|---|---|---|---|---|
| | | | | | |

化자는 두 사람이 하나는 똑바로 서있고, 다른 하나는 거꾸로 서있는 모습을 본뜬 글자로, 본래 의미는 '(방향이) 다르다'이며, 후에 '달라지다', '변화되다', '변화' 등의 의미로 뜻이 확대되었다.

변화(變化)
심화(深化)
둔화(鈍化)
화장(化粧)
귤화위지(橘化爲枳)

| 比 | 갑골문 | 금문 | 금문대전 | 소전 | 예서 |
|---|---|---|---|---|---|
| 견줄 비 | | | | | |

比자는 두 사람이 앞뒤로 나란히 서있는 모습을 본뜬 글자로, 본래 의미는 '나란히 하다'이며, 후에 '비교하다', '견주다', '가깝다', '대등하다' 등의 의미로 뜻이 확대되었다. 比자는 匕(비수 비)자를 겹쳐놓은 모양 때문에 이를 부수로 착각할 수 있지만 比자는 단독부수이다.

비교(比較)

비유(比喩)

비율(比率)

비중(比重)

즐비(櫛比)

무비일색(無比一色)

| 言 | 갑골문 | 금문 | 금문대전 | 소전 | 예서 |
|---|---|---|---|---|---|
| 말씀 언 | | | | | |

言자는 갑골문에서는 입(口) 위에 나팔과 같은 모양이 있는데, 이것이 생황(笙簧)이라는 악기라는 주장도 있고, 나팔을 부는 모습이라는 주장도 있다. 또 단순히 말소리가 퍼져나가는 모습을 표현한 것일 수도 있다. 言자의 본래 의미는 '말하다'이며, 후에 '말', '글', '언론' 등의 의미로 뜻이 확대되었다. 言자가 부수로 쓰인 경우 대부분 '말하다'와 관련된 의미이다.

언론(言論)

언로(言路)

언급(言及)

발언(發言)

감언이설(甘言利說)

086

| 音 | 갑골문 | 금문 | 금문대전 | 소전 | 예서 |
|---|---|---|---|---|---|
| 소리 음 | | | | | |

音자는 言(언)자의 口(구)에 점 또는 획을 추가해서 만들어진 글자로, 갑골문에서는 '소리'와 '말'을 따로 구분하지 않았으나, 금문에서 '음악'과 '말'을 구분하기 위해 言자에 획을 하나 더 긋는 방식으로 音(소리 음)자를 만들어냈다. 본래 의미는 '말소리'이며, 후에 '소리', '언어', '소식', '음악' 등의 의미로 뜻이 확대되었다.

음성(音聲)
음악(音樂)
발음(發音)
지음(知音)
불협화음(不協和音)

## 4. 형성(形聲)

087

| 胞<br>태보 포 | 갑골문 | 금문 | 금문대전 | 소전 | 예서 |
|---|---|---|---|---|---|
| | | | 𦙄 | 胞 | 胞 |

胞자는 육체와 관련된 의미를 가지고 있는 月(=肉)과 '태아를 둘러싸고 있는 막'이라는 의미의 包(쌀 포)가 합쳐져 만들어진 글자로, 회의자이면서 동시에 包자는 발음요소도 겸하고 있다. 본래 의미는 '태보'이며, 후에 '친형제', '자궁', '둘러싸다' 등의 의미로 뜻이 확대되었다.

포자(胞子)

교포(僑胞)

세포(細胞)

백의동포(白衣同胞)

088

| 福<br>복 복 | 갑골문 | 금문 | 금문대전 | 소전 | 예서 |
|---|---|---|---|---|---|
| | 福 | 福 | 福 | 福 | 福 |

福자는 제단을 나타내는 示(시)와 술이 가득 담긴 항아리를 나타내는 畐(복)이 합쳐진 글자이며, '신이 내려준 복'이라는 의미를 나타냈다. 福자의 갑골문에는 제단에 있는 술잔에 술을 따르고 있는 모습을 형상화 하여, 신에게 정성을 다해 제사를 지내고 복을 기원하는 모습을 나타내고 있다. 여기서 '복', '행복'의 의미를 갖게 되었다. 畐자는 의미요소이면서 소리요소도 겸하고 있다.

복리(福利)

복지(福祉)

복음(福音)

음복(飮福)

전화위복(轉禍爲福)

089

| | 갑골문 | 금문 | 금문대전 | 소전 | 예서 |
|---|---|---|---|---|---|
| 項<br>목 항 | | | 項 | 項 | 項 |

項자는 땅을 다지는 도구를 의미하는 工(공)자와 머리를 의미하는 頁(혈)자가 합쳐져 만들어진 글자인데, 발음요소인 工(공)과 의미요소인 頁(혈)의 조합인 형성자라는 주장과 목 뒷덜미의 형상을 본뜬 工(공)과 머리를 의미하는 頁(머리 혈), 두 의미 요소의 조합인 회의자라는 주장이 있다. 본래 의미는 '사람의 목 부위'를 뜻하며, 후에 '항목', '조목'의 의미로 주로 사용되었다.

항목(項目)
조항(條項)
사항(事項)
문항(問項)
묘항현령(猫項懸鈴)

090

| | 갑골문 | 금문 | 금문대전 | 소전 | 예서 |
|---|---|---|---|---|---|
| 悲<br>슬플 비 | | | 悲 | 悲 | 悲 |

悲자는 의미요소인 마음(心)과 발음요소인 비(非)가 합쳐진 글자이다. 悲의 본래 의미는 '슬프다'이며, 후에 '서럽다', '슬픔', '가엾이 여기는 마음' 등의 의미로 뜻이 확대되었다.

비가(悲歌)
비관(悲觀)
비운(悲運)
비참(悲慘)
비분강개(悲憤慷慨)

091

| 踐<br>밟을 천 | 갑골문 | 금문 | 금문대전 | 소전 | 예서 |
|---|---|---|---|---|---|
| | | | 踐 | 踐 | 踐 |

踐자는 발을 의미하는 足(족)과 두 개의 창(戈)으로 '해치다'라는 의미를 가지고 있는 戔(잔)이 합쳐진 글자로, '무기를 들고 앞으로 나아가다'를 의미한다. 그러나 일부 학자들은 의미요소인 발(足)과 발음요소인 戔(잔)으로 이루어진 형성자라고 주장하고 있다. 후에 '밟다', '짓밟다', '실행하다', '실천하다' 등의 의미로 뜻이 확대되었다.

실천(實踐)
천력(踐歷)
천약(踐約)
천리(踐履)
실천궁행(實踐躬行)

092

| 問<br>물을 문 | 갑골문 | 금문 | 금문대전 | 소전 | 예서 |
|---|---|---|---|---|---|
| | 問 | 問 | | 問 | 問 |

問자는 門(문)과 口(구)가 합쳐진 글자로, 입(口)이 의미 요소이자 부수이며, 門(문)은 발음 요소로 의미와는 무관하다. 본래 의미는 '묻다'이며, 후에 '방문하다', '찾다', '알리다', '소식' 등의 의미로 뜻이 확대되었다.

문제(問題)
의문(疑問)
자문(諮問)
질문(質問)
불문가지(不問可知)

| 研 갈 연 | 갑골문 | 금문 | 금문대전 | 소전 | 예서 |
|---|---|---|---|---|---|
| | | | 研 | 研 | 研 |

研자는 '돌'을 뜻하는 의미요소 石(석)과 발음요소 幵(견)으로 이루어진 글자이다. 본래 의미는 '(돌을) 갈다'이며, 후에 '연구하다', '연마하다' 등의 의미로 뜻이 확대되었다.

연구(研究)
연수(研修)
연마(研磨)
연찬(研鑽)
단야연마(鍛冶研磨)

| 星 별 성 | 갑골문 | 금문 | 금문대전 | 소전 | 예서 |
|---|---|---|---|---|---|
| | 星 | 星 | | 星 | 星 |

星자는 별모양을 본뜬 의미요소 日(일)과 발음요소 生(생)이 합쳐진 글자이다. 갑골문에서 '○'로 나타냈던 별 모양은 금문에서는 '日'로 바뀌었으며, 그 후 세 개의 별모양이 하나의 별로 바뀌어 지금의 '星'자가 되었다. 본래 의미는 '별'이며, 후에 '천체의 현상', '세월', '별의 이름' 등으로 뜻이 확대되었다.

성상(星霜)
성운(星雲)
행성(行星)
위성(衛星)
일월성신(日月星辰)

095

| 空<br>빌 공 | 갑골문 | 금문 | 금문대전 | 소전 | 예서 |
|---|---|---|---|---|---|
| | | | | | |

空자는 동굴과 관련된 의미를 나타내는 의미요소 穴(혈)과 발음요소 工(공)이 합쳐진 글자로, '텅 비다'를 의미한다. 후에 '없다', '헛되다', '공간', '하늘', '여가' 등의 의미로 뜻이 확대되었다.

공간(空間)

공항(空港)

공상(空想)

가공(架空)

탁상공론(卓上空論)

096

| 花<br>꽃 화 | 갑골문 | 금문 | 금문대전 | 소전 | 예서 |
|---|---|---|---|---|---|
| | | | | | |

花자는 의미요소 풀(艹)과 발음요소 化(화)가 합쳐진 글자로, '꽃'을 의미한다. 원래 이 글자는 한 송이 피어 있는 꽃의 모습을 그린 華(화)의 속자였는데, 후에 華자는 '화려하다'라는 의미로 쓰였고, 花자로 '꽃'의 의미를 나타냈다. 후에 '꽃 모양의 물건', '아름다운 것의 비유', '아름답다' 등의 의미로 뜻이 확대되었다.

화훼(花卉)

화초(花草)

화단(花壇)

화환(花環)

개화(開花)

낙화유수(落花流水)

097

| 記 기록할 기 | 갑골문 | 금문 | 금문대전 | 소전 | 예서 |
|---|---|---|---|---|---|
| | | | 𨙻 | 記 | 記 |

記자는 '말하다'를 나타내는 의미요소이자 부수인 言(언)과 발음요소 기(己)가 합쳐진 글자로, '(말이나 일을) 적어두다'의 의미이며, '기억하다', '외우다'의 의미로도 사용된다.

기입(記入)

기록(記錄)

표기(表記)

기호(記號)

수기(手記)

기자회견(記者會見)

098

| 和 화할 화 | 갑골문 | 금문 | 금문대전 | 소전 | 예서 |
|---|---|---|---|---|---|
| | 龢 | 𫜦 | 米 | 咊 | 和 |

和자는 소리요소 화(禾)와 '입'을 의미하는 口(구)자가 합쳐진 글자로, 이 글자의 본래 형태는 '龢(화)'인데, 후에 '피리 龠(약)'이 '口'로 대폭 축소되어 지금의 '和'자가 되었다. 본래 의미는 '(피리 소리의) 조화'를 뜻하며, 후에 '화합하다', '화목하다' 등의 의미로 뜻이 확대되었다.

화해(和解)

화목(和睦)

완화(緩和)

조화(調和)

부화뇌동(附和雷同)

| 放 | 갑골문 | 금문 | 금문대전 | 소전 | 예서 |
|---|---|---|---|---|---|
| 놓을 방 | | 𣂼 | 𣂼 | 𣂼 | 放 |

放자는 의미요소이자 부수인 攴=攵(복)과 발음요소인 방(方)이 합쳐진 글자로, 攴=攵(복)은 '손에 막대기를 들고 치는 모습'을 형상화 하였다. 본래 의미는 '내치다'이며, 후에 '내쫓다', '내놓다', '내버리다', '발사하다' 등의 의미로 뜻이 확대되었다.

방치(放置)
방영(放映)
방만(放漫)
해방(解放)
동족방뇨(凍足放尿)

| 病 | 갑골문 | 금문 | 금문대전 | 소전 | 예서 |
|---|---|---|---|---|---|
| 병 병 | | | 病 | 病 | 病 |

病자는 의미요소이자 부수인 疒(녁)과 발음요소인 병(丙)이 합쳐진 글자로, 疒(녁)은 큰 병이 나서 침상에 누워있는 모습을 본뜬 글자이다. 본래 의미는 '병이 나다'이며, 후에 '질병', '근심', '하자' 등의 의미로 뜻이 확대되었다.

병가(病暇)
병결(病缺)
질병(疾病)
병폐(病廢)
무병신음(無病呻吟)

| 理 | 갑골문 | 금문 | 금문대전 | 소전 | 예서 |
|---|---|---|---|---|---|
| 다스릴 리 | | | 理 | 理 | 理 |

理자는 의미요소인 玉(옥)과 발음요소인 리(里)가 합쳐진 글자로, 玉(옥)은 줄에 꿴 옥의 모양을 본뜬 글자이다. 본래 의미는 '(옥을) 다듬다'이며, 후에 '다스리다', '이치', '방법' 등의 의미로 뜻이 확대되었다.

이유(理由)

이해(理解)

처리(處理)

비리(非理)

이판사판(理判事判)

| 苦 | 갑골문 | 금문 | 금문대전 | 소전 | 예서 |
|---|---|---|---|---|---|
| 쓸 고 | | | 苦 | 苦 | 苦 |

苦자는 의미요소이자 부수인 艸(초)와 소리요소인 고(古)가 합쳐진 글자로, 艸(초)는 초목의 싹들이 돋아 나오는 모양을 본뜬 글자이다. 본래 의미는 풀과 관련이 있는 '씀바귀'이며, 씀바귀가 맛이 쓰기 때문에 '쓰다', '괴롭다', '아픔', '쓴맛' 등의 의미로 뜻이 확대되었다.

고민(苦悶)

고배(苦杯)

고심(苦心)

고충(苦衷)

고육지책(苦肉之策)

| | 갑골문 | 금문 | 금문대전 | 소전 | 예서 |
|---|---|---|---|---|---|
| 疫<br>염병 역 | | | 腅 | 腅 | 疫 |

疫자는 의미요소이자 부수인 疒(녁)과 발음요소인 역(役)이 합쳐진 글자로, 疒(녁)은 큰 병이나서 침상에 누워있는 모습으로 질병과 관련된 의미를 나타내며, 발음요소 역(役)은 글자의 일부가 생략된 형태이다. '돌림병'을 뜻하며, '전염병', '역귀'의 의미로도 사용된다.

역병(疫病)

역학(疫學)

역질(疫疾)

역귀(疫鬼)

검역구역(檢疫區域)

| | 갑골문 | 금문 | 금문대전 | 소전 | 예서 |
|---|---|---|---|---|---|
| 導<br>이끌 도 | | | 導 | 導 | 導 |

導자는 의미요소인 寸(촌)과 발음요소이면서 의미요소도 겸하는 도(道)가 합쳐진 글자로, 寸(촌)은 '손목', '손잡다'의 의미이며, 도(道)는 '길'의 의미이다. 손을 잡고 이끌며 길을 안내하기 때문에 導자는 '(손으로 잡고) 이끌다'라는 뜻을 나타낸다. 후에 '인도하다', '통하다', '안내' 등의 의미로 뜻이 확대되었다.

인도(引導)

도입(導入)

도출(導出)

유도(誘導)

생활지도(生活指導)

| 起<br>일어날 기 | 갑골문 | 금문 | 금문대전 | 소전 | 예서 |
|---|---|---|---|---|---|
| | | | 起 | 起 | 起 |

起자는 '(몸을 일으켜) 가다'라는 의미를 나타내는 의미요소 走(주)와 발음요소 기(己)가 합쳐진 글자이다. 또 의미요소 走(주)와 '태아가 막 시작하다'의 의미를 나타내는 의미요소 巳(사)가 합쳐진 글자라고 보는 견해도 있다. 起자의 본래 의미는 '일으키다', '일어나다'이며, '시작하다', '발생하다', '비롯하다' 등의 의미로도 사용된다.

야기(惹起)
기소(起訴)
상기(想起)
궐기(蹶起)
칠전팔기(七顚八起)

| 停<br>머무를 정 | 갑골문 | 금문 | 금문대전 | 소전 | 예서 |
|---|---|---|---|---|---|
| | | | 停 | 停 | 停 |

停자는 의미요소 人(인)과 발음요소면서 의미요소를 겸하는 정(亭)이 합쳐진 글자이며, 亭(정)은 나그네가 잠시 쉬거나 묵을 수 있도록 지은 정자를 나타낸 글자이다. 人과 亭으로 이루어진 停은 '사람이 잠시 머물다'라는 의미이며, 후에 '멈추다', 머무르다' 등의 의미로 뜻이 확대되었다.

정체(停滯)
정전(停戰)
조정(調停)
정회(停會)
정지(停止)
마부정제(馬不停蹄)

| 傾 기울 경 | 갑골문 | 금문 | 금문대전 | 소전 | 예서 |
|---|---|---|---|---|---|
| | | | 傾 | 傾 | 傾 |

傾자는 의미요소 人(인)과 의미요소면서 발음요소를 겸하는 경(頃)이 합쳐진 글자로, 頃(경)은 '(머리를) 기울이다'의 의미이다. 傾(경)은 '기울다', '기울어지다', '비스듬하다', '바르지 않다', '다투다' 등의 의미로 사용된다.

경향(傾向)

경사(傾斜)

경도(傾倒)

경청(傾聽)

경국지색(傾國之色)

| 座 자리 좌 | 갑골문 | 금문 | 금문대전 | 소전 | 예서 |
|---|---|---|---|---|---|
| | | | 座 | | 座 |

座자는 의미요소 广(엄)과 발음요소면서 의미요소를 겸하는 좌(坐)가 합쳐진 글자이다. 广은 '집'을 뜻하며, 坐(좌)는 바닥에 앉아 있는 사람을 형상화한 것으로, '앉다'의 의미이다. 广(엄)과 坐(좌)가 합쳐진 座(좌)는 '자리'를 의미하며, '지위', '방석' 등의 의미로 뜻이 확대되었다.

좌석(座席)

강좌(講座)

좌담(座談)

좌우명(座右銘)

| 寶<br>보배 보 | 갑골문 | 금문 | 금문대전 | 소전 | 예서 |
|---|---|---|---|---|---|
| | | (금문 자형) | (금문대전 자형) | (소전 자형) | (예서 자형) |

寶자는 의미요소인 宀(면), 玉(옥), 貝(패)와 발음요소인 부(缶)가 합쳐진 글자로, 집(宀)안에 간직해둔 옥(玉)이나 돈(貝)을 통해 '보배'의 의미를 나타냈다. 본래 의미는 '보배'이며, 후에 '소중하다', '아끼다' 등의 의미로 뜻이 확대되었다.

보물(寶物)

보고(寶庫)

보화(寶貨)

보석(寶石)

무가지보(無價之寶)

| 往<br>갈 왕 | 갑골문 | 금문 | 금문대전 | 소전 | 예서 |
|---|---|---|---|---|---|
| | (갑골문 자형) | (금문 자형) | | (소전 자형) | (예서 자형) |

往자는 갑골문에서는 '발'을 나타내는 의미요소 止(지)와 발음요소 왕(王)이 합쳐져 '가다'라는 뜻을 나타냈다. 금문에서는 길거리를 의미하는 彳(척)이 더해져 '길을 가다'라는 의미가 더 명확하게 표현되었다. 소전 이후로는 止(지)와 王(왕)이 主(주)로 바뀌어 지금의 자형이 되었다. 후에 '떠나가다', '죽다', '향하다', '과거' 등의 의미로 뜻이 확대되었다.

왕복(往復)

기왕(既往)

이왕(已往)

왕왕(往往)

우왕좌왕(右往左往)

111

| 驅<br>몰 구 | 갑골문 | 금문 | 금문대전 | 소전 | 예서 |
|---|---|---|---|---|---|
| | | | | | |

驅자는 의미요소인 馬(마)와 발음요소인 구(區구)가 합쳐진 글자로, '말을 몰다'의 의미이다. 후에 '빨리 달리다', '내쫓다', '몰아내다' 등의 의미로 뜻이 확대되었다.

구사(驅使)
구박(驅迫)
구보(驅步)
선구자(先驅者)
승승장구(乘勝長驅)

112

| 闊<br>넓을 활/괄 | 갑골문 | 금문 | 금문대전 | 소전 | 예서 |
|---|---|---|---|---|---|
| | | | | | |

闊자는 의미요소 門(문)과 발음요소 활(活)로 이루어진 글자로, 문을 나서서 '멀리 떠나다', '멀어지다'의 의미이며, 후에 '(시간이) 오래되다', '(면적이) 넓다', '너그럽다' 등의 의미로 뜻이 확대되었다.

활보(闊步)
활엽(闊葉)
광활(廣闊)
우활(迂闊)
천공해활(天空海闊)

| 請 청할 청 | 갑골문 | 금문 | 금문대전 | 소전 | 예서 |
|---|---|---|---|---|---|
| | | | 請 | 請 | 請 |

請자는 의미요소인 言(언)과 발음요소인 청(靑)이 합쳐진 글자이며, 의미요소 言(언)은 '말하다'와 관련된 의미를 나타낸다. 請(청)의 본래 의미는 '요청하다'이며, 후에 '바라다', '초청하다', '묻다' 등의 의미로 뜻이 확대되었다.

청구(請求)
청탁(請託)
간청(懇請)
초청(招請)
부형청죄(負荊請罪)

| 級 등급 급 | 갑골문 | 금문 | 금문대전 | 소전 | 예서 |
|---|---|---|---|---|---|
| | | | 級 | 級 | 級 |

級자는 의미요소 糸(사)와 발음요소 급(及)이 합쳐진 글자로, 의미요소 糸(사)가 실타래와 관련된 의미임을 나타내고 있다. 級(급)은 본래 '실의 길이에 차등이 있음'을 뜻하며, 후에 '등급', '층계', '수급' 등의 의미로 뜻이 확대되었다.

급우(級友)
등급(等級)
계급(階級)
진급(進級)
일자반급(一資半級)

115

| 盆 동이 분 | 갑골문 | 금문 | 금문대전 | 소전 | 예서 |
|---|---|---|---|---|---|
| | | | | | |

盆자는 '그릇'을 나타내는 의미요소 皿(명)과 발음요소 분(分)이 합쳐진 글자로, '윗 부분이 넓고 모양이 우묵한 그릇'이다. 후에 '주발', '부피', '땅이름' 등의 의미로 뜻이 확대되었다.

분지(盆地)
분재(盆栽)
화분(花盆)
복분자(覆盆子)
고분지탄(鼓盆之嘆)

116

| 扶 도울 부 | 갑골문 | 금문 | 금문대전 | 소전 | 예서 |
|---|---|---|---|---|---|
| | | | | | |

扶자는 '손'을 뜻하는 의미요소 手(수)와 발음요소 부(夫)가 합쳐진 글자로, '돕다', '부축하다'의 의미이다. 갑골문에서의 자형은 한 사람이 손을 내밀어 다른 사람을 돕는 모습을 나타내고 있다.

부양(扶養)
부조(扶助)
부지(扶持)
상부상조(相扶相助)

117

| 教 가르칠 교 | 갑골문 | 금문 | 금문대전 | 소전 | 예서 |
|---|---|---|---|---|---|
| | 𣂂 | 㲋 | 㲋 | 㲋 | 教 |

教자는 의미요소인 아이를 의미하는 子(자)와 손에 회초리를 들고 있는 모습 攴(복)과 발음요소인 효(爻)가 합쳐진 글자이며, '가르치다'의 의미이다. 후에 '본받다', '명령하다', '종교' 등의 의미로 뜻이 확대되었다.

교과(教科)
교육(教育)
교도(教徒)
교편(教鞭)
교학상장(教學相長)

118

| 視 볼 시 | 갑골문 | 금문 | 금문대전 | 소전 | 예서 |
|---|---|---|---|---|---|
| | | | 視 | 視 | 視 |

視자는 '보다'를 뜻하는 의미요소 見(견)과 발음요소 시(示)로 이루어진 글자이다. 여기서 발음요소로 쓰인 示는 의미요소로 쓰일 경우, '제사'와 관련된 의미를 나타낸다. 視의 본래 의미는 '보다'이며, 후에 '엿보다', '간주하다' 등의 의미로 뜻이 확대되었다.

시각(視覺)
시선(視線)
시찰(視察)
시야(視野)
호시탐탐(虎視眈眈)

## 119

| 街 거리 가 | 갑골문 | 금문 | 금문대전 | 소전 | 예서 |
|---|---|---|---|---|---|
| | | | 街 | 街 | 街 |

街자는 '길'과 관련된 뜻을 나타내는 의미요소 行(행)과 발음요소 규(圭)로 이루어진 글자이다. 行이 의미요소로 쓰일 경우, '衍(연)', '術(술)', '衛(위)', '衝(충)'처럼 대부분 'ㅓ(척)'과 'ㅜ(촉)' 사이에 다른 글자가 들어간다. 街자의 본래 의미는 '거리'이며, '네거리', '대로', '통로' 등의 의미로도 사용된다.

가도(街道)

가두(街頭)

가로등(街路燈)

가판대(街販臺)

가담항설(街談巷說)

## 120

| 醉 취할 취 | 갑골문 | 금문 | 금문대전 | 소전 | 예서 |
|---|---|---|---|---|---|
| | | | 醉 | 醉 | 醉 |

醉자는 '술단지'를 나타내는 의미요소 酉(유)와 발음요소 졸(卒)로 이루어진 글자로, '술에 취하다'의 의미이다. 후에 '취하게 하다', '빠지다', '탐닉하다' 등의 의미로 뜻이 확대되었다.

취기(醉氣)

도취(陶醉)

심취(心醉)

마취(痲醉)

취생몽사(醉生夢死)

| 狀 형상 상/문서 장 | 갑골문 | 금문 | 금문대전 | 소전 | 예서 |
|---|---|---|---|---|---|
| | | | 狀 | 狀 | 狀 |

狀자는 발음요소 爿(장)과 의미요소 犬(견)으로 이루어진 글자로, '개의 형상', 또는 '형상', '모양'을 의미한다. 후에 '문서', '편지'의 의미로도 사용되었다.

상황(狀況)

실상(實狀)

송장(送狀)

영장(令狀)

현상유지(現狀維持)

| 邦 나라 방 | 갑골문 | 금문 | 금문대전 | 소전 | 예서 |
|---|---|---|---|---|---|
| | 邦 | 邦 | 邦 | 邦 | 邦 |

邦자는 갑골문에서는 의미요소 田(전)과 발음요소 丰(봉)으로 이루어진 글자였는데, 금문에서 田(전)자 대신 邑(읍)자로 바뀌었다. 田(전)은 사람들이 농사를 지으며 '터전을 잡은 곳'이라는 뜻을 나타내고, 邑(읍)도 역시 사람들이 모여 사는 '고을'이라는 의미를 나타낸다. 邦(방)은 '나라'의 의미이며, '수도', '봉토', '천하', '(제후로) 봉하다' 등의 의미로도 사용된다.

연방(聯邦)

우방(友邦)

합방(合邦)

만방(萬邦)

다난흥방(多難興邦)

| 雲<br>구름 운 | 갑골문 | 금문 | 금문대전 | 소전 | 예서 |
|---|---|---|---|---|---|
| | | | | | |

雲자는 의미요소 雨(우)와 발음요소 云(운)으로 이루어진 글자이다. 그러나 雲(운)의 원래 글자는 云(운)이며, 이는 구름의 모양을 본뜬 글자이다. 후에 '云'이 '말하다', '이르다'의 의미로 차용되자, '비'를 뜻하는 의미요소 '雨(우)'를 추가하여 雲자를 만들었다. 雲자의 본래 의미는 '구름'이며, 후에 '습기', '높음', '많음', '멂' 등의 의미로 뜻이 확대되었다.

풍운(風雲)

운무(雲霧)

운집(雲集)

청운(靑雲)

망운지정(望雲之情)

| 種<br>씨 종 | 갑골문 | 금문 | 금문대전 | 소전 | 예서 |
|---|---|---|---|---|---|
| | | | | | |

種자는 곡식을 뜻하는 의미요소 禾(화)와 발음요소 重(중)으로 이루어진 글자이다. 種은 '씨앗'이라는 의미이며, 후에 '종족', '종류', '심다', '뿌리다' 등의 의미로 뜻이 확대되었다.

종류(種類)

종목(種目)

품종(品種)

직종(職種)

인종차별(人種差別)

| 125 | 갑골문 | 금문 | 금문대전 | 소전 | 예서 |
|---|---|---|---|---|---|
| 飯 밥 반 | | 𩙿 | 𩜋 | 𩙿 | 飯 |

飯자는 '먹다'를 뜻하는 의미요소 食(식과 발음요소 反(반))으로 이루어진 글자이다. 飯자는 '밥'을 의미하며, '식사', '먹이다' 등의 의미로도 사용된다.

반점(飯店)
반주(飯酒)
반찬(飯饌)
다반사(茶飯事)
십시일반(十匙一飯)

| 126 | 갑골문 | 금문 | 금문대전 | 소전 | 예서 |
|---|---|---|---|---|---|
| 洋 큰 바다 양 | | | 洋 | 洋 | 洋 |

洋자는 '물'을 뜻하는 의미요소 水(수)와 발음요소 羊(양)으로 이루어진 글자이다. 洋은 '큰 바다'를 의미하며, 후에 '서양', '외국', '만족해하는 모양' 등의 의미로 뜻이 확대되었다. 본래 '海'는 육지에 붙어있는 바다를 가리키며, '洋'은 육지에서 멀리 떨어져 있는 큰 바다를 뜻한다고 한다.

해양(海洋)
원양(遠洋)
양복(洋服)
양궁(洋弓)
망양지탄(望洋之嘆)

127

| 航 건널 항 | 갑골문 | 금문 | 금문대전 | 소전 | 예서 |
|---|---|---|---|---|---|
| | | | 舫 | | 航 |

航자는 '배'를 뜻하는 의미 요소 舟(주)와 발음요소 亢(항)으로 이루어진 글자이다. 본래 의미는 '배'이며, 후에 '(배로 물을) 건너다', '항해하다', '날다' 등의 의미로 뜻이 확대되었다.

항공(航空)

항해(航海)

항로(航路)

결항(缺航)

제산항해(梯山航海)

128

| 資 재물 자 | 갑골문 | 금문 | 금문대전 | 소전 | 예서 |
|---|---|---|---|---|---|
| | | | 郎 | 貱 | 資 |

資자는 '돈'을 뜻하는 의미요소 貝(패)와 발음요소 次(차)로 이루어진 글자이다. 資의 본래 의미는 '재물'이며, 후에 '자본', '의뢰', '비용' 등의 의미로 뜻이 확대되었다.

자격(資格)

자료(資料)

자산(資産)

자원(資源)

자본주의(資本主義)

| 輕<br>가벼울 경 | 갑골문 | 금문 | 금문대전 | 소전 | 예서 |
|---|---|---|---|---|---|
| | | | 輕 | 輕 | 輕 |

輕자는 '수레'를 뜻하는 의미 요소 車(거)와 발음요소 또(경)으로 이루어진 글자이다. 輕의 본래 의미는 '가볍고 간편한 수레'이다. 후에 '가볍다', '가벼이 하다', '빠르다' 등의 의미로 뜻이 확대되었다.

경시(輕視)
경미(輕微)
경범(輕犯)
경박(輕薄)
경거망동(輕擧妄動)

| 箭<br>화살 전 | 갑골문 | 금문 | 금문대전 | 소전 | 예서 |
|---|---|---|---|---|---|
| | | 箭 | 箭 | 箭 | 箭 |

箭자는 '대나무'를 뜻하는 의미요소 竹(죽)과 발음요소 前(전)이 합쳐진 글자로, '화살'의 의미이다. 의미요소인 대나무는 '화살'을 만드는 재료를 표현한 것이다.

전촉(箭鏃)
전통(箭筒)
전어(箭魚)
광음여전(光陰如箭)

# Ⅲ. 한자 학습의 활용: 명언

# 한자를 어떻게 조합할 것인가?

우리는 앞서 표의문자로서 한자가 어떤 구조로 어떻게 만들어지는지 살펴보았다. 이제 한자를 어떤 방식으로 조합하여 문장을 만들 것인가 하는 방법론을 소개하고자 한다. 사실, 우리가 현재 사용하고 있는 한자들은 대부분 두 글자 이상이 조합한 형태로 우리 언어에 스며들어 있다. 서구언어에서 단어와 단어는 문법적 틀에 맞추어 문장을 형성한다. 그렇지만 한자는 이러한 서양식 문법체계에 부합하지 않으므로, 전통적으로 오랜 세월 축적되면서, 익숙해진 조합을 학습해야 한다. 그러므로 한문을 잘하는 지름길은 이러한 조합의 방식을 꾸준히 익혀 가는 훈련의 연속인 셈이다.

우리는 앞서 학습한 한자들을 서로 마음껏 조합할 수 있다. 하지만 언어는 소통을 전제하므로, 일반적으로 통행하지 않는 생소한 '조합'을 제시한다면, 의미의 전달은 어려워진다. 그러므로 여기서는 가장 기본적인 조합 방식을 익히는 것이 중요하다. 물론 한자 한 글자로도 명령문을 구성할 수도 있지만, 결합은 당연히 두 글자부터 이루어지며, 한문의 출발이 된다. 이러한 두 글자의 조합 방식을 익히는 것이 바로 생활한자를 장악하는 첫걸음이다. 전통적이면서 일반적인 조합 방식들은 다음과 같이 나누어 볼 수 있다.

첫째 두 글자를 단순하게 늘어놓는 방법을 생각할 수 있는데, 의미상 상반되거나, 비슷한 글자들로 조합하는 방식을 들 수 있다. 천지(天地); 음양(陰陽); 흑백(黑白); 피차(彼此); 시비(是非); 선악(善惡); 본말(本末); 진퇴(進退); 고금(古今); 귀천(貴賤); 장단(長短); 고저(高低)|도로(道路); 붕우(朋友); 이별(離別); 질투(嫉妬); 고려(考慮); 도서(圖書)…

둘째 수식하는 글자를 선행시켜 한자어를 구성하는 방식으로, 쉽게 말하자면, '형용사+명사' 또는 '부사+동사'로 이루어진다. 또한, '명사와 명사'의 결합도 가능하여, 선행하는 명사가 뒤의 명사를 형용사처럼 수식하는 조합도 있다. 황국(黃國); 청산(靑山); 백설(白雪); 백미(白眉); 홍화(紅花); 조춘(早春); 만추(晩秋)…|와전(訛傳); 만연(蔓延); 서행(徐行); 필거(必去); 필수(必修)…|산운(山雲); 강풍(江風); 국가(國歌); 민가(民家); 풍성(風聲); 춘몽(春夢)…

셋째 문법적 구조에 따른 방식으로 '주어+술어', '술어+목적어', '술어+보어' 등의 어순

으로 조합한다. 여기에서 '술어'란 서술어의 줄임말로, 주어의 동작, 상태, 성질 등을 기술하는 역할을 한다. 서양 언어에서 말하는 '동사'뿐만 아니라, 상태나 성질을 표현하는 형용사도 포함하는 용어라고 생각하면 된다. 또한, 보어란 서술어를 보충하여 문장의 의미를 완전하게 해주는 역할을 한다. 우리말에서는 '…되다(이다)'라는 표현만 보어에 해당하지만, 한문에서는 '술어+목적어' 구조 이외의 보충적 요소들은 보어에 넣는 것이 일반적이다. 일출(日出); 월출(月出); 일몰(日沒); 계명(鷄鳴); 춘래(春來); 천고마비(天高馬肥); 오비이락(烏飛梨落) *강우(降雨); *개화(開花)…|독서(讀書); 파종(播種); 식수(植樹); 축구(蹴球); 경전(耕田); 음수(飲水); 호학(好學); 끽연(喫煙); 송인(送人)…|등산(登山); 입추(立秋); 입장(入場); 재위(在位); 유신(有信); 무치(無恥); 여의(如意)…

이러한 조합에 따라 구성한 두 글자에 한 글자만 더 하면, 세 글자, 즉 '삼자구(三字句)'가 만들어진다. 예를 들어, 병렬 관계에서는 '여(與)', '급(及)', '우(又)', '부(復)'자를 넣는다거나, 수식이나 소유의 관계를 분명히 해주는 '지(之)'자를 넣거나, '술어+목적어' 구조에서 주어를 추가하는 방식으로 자수(字數)를 늘려 갈 수 있다. 이로부터 '1+1', '1+2', '2+2', '2+3', '3+3'의 조합이 가능하다. 이제 뒤에 나오는 문장들을 통해 이들 조합을 확인하면서, 어순을 익혀두기 바란다. 예문들은 중국 고전과 우리나라 문인들의 저술에서 골랐다. 글자 그대로의 번역, 즉 직역을 우선시하여 만족스럽지 못한 표현들도 있을 수 있다. 물론, 다르게 해석하는 의견들도 충분히 있을 수 있다. 여기서는 일반적인 해석을 기준 삼았다. 구조분석과 해석도 중요하지만, 표의문자는 보이지 않는 마력(魔力)을 가졌다. 반드시 손으로 써서 의미를 따라가 보는 연습도 중요하다.

# 01 勿謂今日不學而有來日.

勿謂今日不學而有來日.

물위금일불학이유래일.

말하지 말라! 오늘 배우지 않아도 내일이 있다고.

勿: …하지 말라!　　謂: 말하다.

『고문진보(古文真寶)』(전집), 제1권에 성리학을 집대성한 주희(朱熹, 1130~1200)의 「권학문 (勸學文)」이라는 제목으로 수록하고 있는 글에서 발췌한 문장이다. 『고문진보』는 중국 원나 라 초기에 황견(黃堅)이란 사람이 편집한 책으로, 퇴계(退溪) 이황(李滉) 선생이 200번이나 읽 고 암송했다는 이야기가 전해지면서 우리나라에서 한문 교과서로 크게 유행했다. 현 복건 성 우계현(尤溪縣)에서 태어난 주희의 자(字)는 원회(元晦), 중회(仲晦)이고, 호(號)는 자양(紫陽), 운곡산인(雲谷山人), 회옹(晦翁) 등등이 있으며 시호(諡號)는 문공(文公)이다. 주희는 1148년 급 제하여 관리가 되었으나 1152년 사직하고 낙향하여 오로지 학문 연구에 전념했다. 이후 오늘날 강서성 구강(九江) 여산(廬山) 오로봉(五老峰) 남쪽 기슭 있는 백녹동서원(白鹿洞書院) 을 부흥시켜 강학에 힘쓰며, 이전 성리학설을 집대성하여 주자학(朱子學)을 열었다. 여기의 「권학문」을 실제로 주희가 썼는지는 확인되지 않는다. 다만 아래 심화학습에 실은 「우성 (偶成)」은 실제 주희의 시문집에서 확인할 수 있다.

勿謂今日不學而有來日,　　　말하지 말라! 오늘 배우지 않아도 내일이 있다고.

勿謂今年不學而有來年.　　　말하지 말라! 올해 배우지 않아도 내년이 있다고.

日月逝矣,　　　　　　　　해와 달은 가버리고,

歲不我延.　　　　　　　　세월은 나를 기다리지 않는다.

嗚呼老矣.　　　　　　　　아! 늙어버렸구나!

是誰之愆.　　　　　　　　이 누구의 잘못인가?

서(逝): 가다.　　연(延): 기다리다.　　세(歲): 세월.　　오호(嗚呼): 감탄어.
시(是): 지시대명사.　　수(誰): 누구.　　건(愆): 잘못|허물.


**주희,「우연히 지음(偶成)」**

少年易老學難成,　　　　　　소년은 쉬 늙고 학업은 이루기 어렵나니,

一寸光陰不可輕.　　　　　　한 치의 시간도 가벼이 여겨서는 안 되리.

未覺池塘春草夢,　　　　　　연못가 봄풀의 꿈을 깨기도 전인데

階前梧葉已秋聲.　　　　　　뜰 앞 오동 잎엔 벌써 가을 소리로다.

광음(光陰): 빛과 그림자|시간. 불가(不可): …할 수 없다|…해서는 안 된다. 경(輕): 가볍다. 각(覺): 깨닫
다|깨다. 지당(池塘): 연못. 계(階): 계단. 오(梧): 오동나무. 추성(秋聲): 가을 소리.

# 02 靑取之於藍, 而靑於藍.

> 靑取之於藍, 而靑於藍.
>
> 청취지어람, 이청어람.
>
> 청은 쪽에서 취했으나 쪽보다 파랗다.
>
> 取: 취하다.　　於: …에서|…보다.　　藍: 한해살이풀 쪽.

『순자(荀子)』「권학(勸學)」에서 발췌한 문장이다. 또한 『대대례기(大戴禮記)』,「권학」에도 보인다. 순자는 전국시대 말기의 사상가로, 법가(法家)를 열었다. 성은 순(荀)이고 이름은 황(況)이다. 그를 높여 순경(荀卿) 또는 순자(荀子)로 부른다. 맹자보다 조금 늦게 조(趙)나라에서 태어나 제(齊)나라를 거쳐, 초(楚)나라 춘신군(春申君)을 섬긴 학자이다. 맹자의 성선설(性善說)보다는 성악설(性惡說)을 주장하여 실용적 학문을 중시하며, 사람의 본성은 본디 악하므로 끊임없는 배움과 적절한 규제의 필요성을 역설했다.

'之'자는 '가다'는 의미로 만들어진 글자이나, 이후 많은 오가는 뜻의 다른 글자들이 생겨나면서 원래의 의미를 잃고, 명사(구)와 명사 사이의 관계를 설정하거나, 3인칭 지시대명사 역할을 한다. 이 지시대명사는 주격, 또는 소유격의 쓰임은 거의 없고, '목적격'으로 사용된다. 다시 말하자면, 목적어로서 앞에 나온 사물이나 일을 대신 지칭할 수 있다. [술어+之]의 구조로 된 용례를 들어보자.

爲之; 得之; 問之; 觀之; 習之; 從之; 愛之; 怨之; 願之; 考之; 連之; 追之; 思之; 聞之; 敬之; 貴之; 打之; 逢之; 憐之; 恤之; 用之; 望之; 省之; 患之; 恐之; 圖之; 樂之; 揮之

'而'자는 등위접속사로, 단어와 구를 이을 때 사용한다. 의미는 앞의 말을 이어 가는 경우[順接]가 있고 앞의 말과 상반되도록[逆接] 연결하기도 한다. 순접인지 역접인지 구분하기 어려운 경우도 종종 있다. 예를 들어 '靑而紅'이라고 할 때, '푸르면서 붉다'로 해석할 수 있고, '푸르지만 붉다'라고 해석할 수 있다. 따라서 전후 문장의 흐름에 따라 판단해야 한다.

'於'자는 어조사로 쓰일 때는 [어], 감탄사로 쓰일 때는 [오]라는 두 가지 발음을 가진다. 어조사로 쓰이는 [어]는 주로 '…에서', '…에'라는 의미로 사용되고, 또 비교의 의미를 도와 '…보다'라는 비교의 뜻으로 해석되는 예도 있다.

왕이 이를 안다면, 백성이 이웃 나라보다 많기를 바라지 않아도 됩니다[王如知此, 則無望民之多於鄰國也]

## 심화학습

군자들은 "배움은 그칠 수 없다[學不可以已]"라고 한다. 푸른색은 쪽에서 취하지만 쪽보다 더 푸르다. 얼음은 물이 만들지만[氷水爲之], 물보다 차갑다[寒於水]. 나무가 곧으면 먹줄을 맞을지라도[木直中繩] 구부려 바퀴로 만들면, 그 굽은 것은 둥근 자에 맞는다[其曲中規]. 햇볕에 말려도[雖有槁暴] 곧아지지 않는 것은 굽혀서 그렇게 되도록 했기 때문이다[輮使之然]. 그러므로 나무가 먹줄을 받으면 곧아지고[木受繩則直], 쇠는 숫돌에 갈면 날카로워진다[金就礪則利]. 군자가 널리 배워서[博學] 나날이 자신을 헤아리고 살펴보면[參省], 지혜가 밝아져 행동에 과실이 없게 된다[行無過].*

---

\* 君子日, 學不可以已. 靑取之於藍, 而靑於藍. 氷水爲之, 而寒於水. 木直中繩, 輮以爲輪, 其曲中規, 雖有槁暴, 不復挺者, 輮使之然也. 故木受繩則直, 金就礪則利, 君子博學而日參省乎己, 則智明而行無過矣. 중(中): 맞다|부합하다. 승(繩): 먹줄. 유(輮): 휘어 굽히다. 륜(輪): 바퀴. 규(規): 원을 그리는 기구. 수(雖): 비록 …할지라도. 고(槁): 마르다. 폭(暴): 햇볕에 말리다. 부(復): 다시. 정(挺): 곧다. 연(然): 그렇게 하다. 과(過): 허물|과실.

## 03 是是非非謂之知, 非是是非謂之愚.

是是非非謂之知, 非是是非謂之愚.

시시비비위지지, 비시시비위지우.

옳은 것을 옳다 하는 것을 지혜라 하고, 옳은 것을 아니라 하고 아닌 것을 옳다 하는 것을 어리석음[愚]이라 한다.

謂: …라고 한다.　　知: 알다|지식|지혜.　　愚: 어리석다|어리석음.

『순자(荀子)』「수신(修身)」편에서 발췌한 문장이다.

'위지(謂之)'는 'A[그것을] B라고 한다(말한다)'는 구형이다. 여기의 '지(之)'자는 지시대명사로 선행하는 목적어를 가리킨다.

언급했으나 말하지 않는 것을 '은'이라 한다[言及之而不言謂之隱]
가르치지 않아도 죽이는 것을 일러 '학'이라 한다[不教而殺謂之虐]
술을 즐기되 싫증 내지 않음을 '망'이라 한다[樂酒無厭謂之亡]
선을 베풀고 사악함을 없애는 것을 일러 '경'이라 한다[陳善閉邪謂之敬]
몸을 닦고 말을 실천하는 것을 일러 '선행'이라 한다[修身踐言謂之善行]
늙어서도 남편이 없는 자를 '과'라 한다[老而無夫者謂之寡]
희노애락이 발하지 않은 것을 '중'이라 한다[喜怒哀樂之未發謂之中]
발했으나 모두 절도에 맞는 것을 '화'라 한다[發而皆中節謂之和]

한편 지위(之謂)라고 도치시켜 쓰기도 한다.

이를 일러 '대장부'라 한다[此之謂大丈夫]

생을 성이라 한다[生之謂性]         .

충실을 '미'라 한다[充實之謂美]

천명을 '성'이라 한다[天命之謂性]

성을 따르는 것을 '도'라 한다[率性之謂道]

도를 닦는 것을 '교'라 한다[修道之謂敎]

## 📝 심화학습

----------------------------------------------------------------

　선(善)으로 다른 사람보다 앞서는 것[以善先人]을 가르침[敎]이라 하고, 선으로 다른 사람들과 화합하는 것[以善和人]을 따름[順]이라 한다. 선하지 않음으로 다른 사람들보다 앞서는 것[以不善先人]을 아첨[諂]이라 하고, 선하지 않음으로 다른 사람들과 어울리는 것[以不善和人]을 아양[諛]이라 한다. 옳은 것을 옳다 하는 것을 지혜라 하고, 옳은 것을 아니라 하고 아닌 것을 옳다 하는 것을 어리석음[愚]이라 한다. 선량한 사람을 중상(中傷)하는 것[傷良]을 참(讒)이라 하고, 선량한 사람을 해치는 것[害良]을 적(賊)이라 한다. 옳음을 옳다 하고, 아님을 아니라 하는 것을 '직(直)'이라 한다. 재물을 훔치는 것[竊貨]을 도(盜)라 하고 행위를 숨기는 것을 사(詐)라 하며, 말을 바꾸는 것[易言]을 탄(誕)이라 한다. 나아감과 머무름[趣舍]에 정한 바가 없는 것을 무상(無常)이라 한다. 이득만 보전하고 의로움을 방기하는 것[保利棄義]을 지적(至賊)이라 한다. 많이 듣는 것[多聞]을 박(博)이라 하고, 적게 듣는 것[少聞]을 천(淺)이라 한다. 많이 보는 것[多見]을 한(閑)이라 하고, 적게 보는 것[少見]을 루(陋)라고 한다. 어렵게 나아가는 것[難進]을 제(促)라 하고, 쉬이 잊는 것[易忘]을 루(漏)라 한다. 적지만 조리 있는 것[少而理]을 치(治)라 하고, 많지만 어지러운 것[多而亂]을 모(秏)라고 한다.

----------------------------------------------------------------

*　以善先人者謂之敎, 以善和人者謂之順. 以不善先人者謂之諂, 以不善和人者謂之諛. 是非非謂之智, 非是是非謂之愚. 傷良曰讒, 害良曰賊. 是謂是, 非謂非曰直. 竊貨曰盜, 易言曰誕. 趣舍無定謂之無常. 保利棄義謂之至賊. 多聞曰博, 少聞曰淺. 多見曰閑, 少見曰漏. 難進曰促, 易忘曰漏. 少而理曰治, 多而亂曰秏.

## 04 欲觀千歲, 則數今日, 欲知億萬, 則審一二.

> 欲觀千歲, 則數今日, 欲知億萬, 則審一二.
>
> 욕관천세, 즉수금일, 욕지억만, 즉심일이.
>
> 천년을 살피고자 하면 오늘을 헤아릴 것이요, 억만을 알고 싶으면, 하나와 둘을 살펴야 한다.
>
> 欲: ~하고자 하다.　　觀: 보다.　　千歲: 천년.　　數: 헤아리다.　　今日: 오늘.
> 知: 알다

　　이 문장은 『순자』 「비상(非相)」편에서 발췌했다. 순자는 인간에게 분별은 있을 수밖에 없다고 한다. 그렇다면 분별하는 기준은 무엇일까? 당연히 예(禮)라고 한다. 예에는 옛날 왕이 정한 예가 있고 지금의 왕이 정한 예가 있는데, 무엇을 따라야 할 것인가에 관하여 순자가 인용한 말이다.

　　'관(觀)'자는 중국의 최초의 자전인 『설문해자(說文解字)』에 자세히 본다[諦視]는 뜻으로 설명하고 있다. 보다는 의미인 '시(視)', 견(見), 간(看) 등등의 글자들이 각기 달리 쓰였을 것이나, 현재로서 이들을 명확히 구분하는 것은 어렵다. 방관(傍觀), 관망(觀望), 관람(觀覽), 관점(觀點), 관광(觀光), 관찰(觀察), 개관(槪觀) 등의 단어들은 자세히 본다는 뜻보다는 그냥 크게 본다는 의미가 강하다. 자세히 살펴본다는 의미의 글자로 '찰(察)'자가 있고, '존(存)'자와 '재(在)'자에도 찰(察)의 뜻이 담겨 있다. 이로써 볼 때, 관찰(觀察)의 '관'은 크게 보는 것을 뜻하고, '찰'은 자세히 보는 것을 의미하는 것이라고 정리할 수 있을 것이다. 이밖에 '심(審)'자를 쓰기도 하는데, 이 한자는 주로 자세히 살펴 '안다'는 점에 중점을 둔다.

저기 나중의 왕[後王]이야말로 천하의 군주[天下之君]인데 이 나중의 왕을 버리고 상고(上古)의 [왕을] 따르는 것[道]은, 비유하자면[譬之] 자기의 군주를 버리고서[舍己之君] 남의 군주를 섬기는 것[事人之君]과 같다. 그러므로 '천년을 살피고자 하면 오늘을 헤아릴 것이요, 억만을 알고 싶으면, 하나와 둘을 살펴야 한다. 상고의 세상을 알고 싶으면 주나라의 도를 살펴야 할 것이고, 주나라의 도를 자세히 알고자 하면, 그 나라의 사람들이 군자를 귀중히 여겼음을 살펴야 한다.'라고 한다. 그러므로 '가까운 것으로 먼 것을 알고[以近知遠], 하나로서 만을 알며[以一知萬] 희미함으로 밝음을 안다[以微知明].'라고 하는 것이 이를 말함이다.*

---

\* 　彼後王者, 天下之君也, 舍後王而道上古, 譬之是猶舍己之君, 而事人之君也. 故曰, 欲觀千歲, 則數今日, 欲知億萬, 則審一二, 欲知上世, 則審周道, 欲審周道, 則審其人所貴君子. 故曰, 以近知遠, 以一知萬, 以微知明, 此之謂也. 피(彼): 저. 사(舍): 버리다. 비(譬): 비유하다. 사(事): 섬기다. 수(數): 헤아리다. 심(審): 살피다. 주(周): 나라 이름. 미(微): 희미함.

# 05 人固有一死, 或重於泰山, 或輕於鴻毛.

人固有一死, 或重於泰山, 或輕於鴻毛.

인고유일사, 혹중어태산, 혹경어홍모.

사람은 본디 한번 죽지만, [그 목숨이] 태산보다 무겁기도 하고 기러기 털보다 가볍기도 하다.

固: 본디. 　 重: 무겁다. 　 於: …보다. 　 鴻: 기러기

　　사마천(司馬遷)의 「임 소경[任安]께 드리는 답서(報任少卿書)」에 나온 문장이다. 이 편지는 『한서(漢書)』 「사마천전(司馬遷傳)」과 『문선(文選)』 권41에 수록되어있다. 기원전 145년경에 태어난 사마천의 자(字)는 자장(子張)이다. 역사 편찬을 주관하는 태사령(太史令)이었던 부친 사마담(司馬談)을 이어 벼슬했다. 이후 흉노와의 전쟁에서 투항한 이릉(李陵)을 변호하다가 한무제(漢武帝)의 노여움을 받아 굴욕적인 궁형(宮刑)을 받았다. 그래도 발분(發奮)하여 『사기』를 완성할 무렵 친구인 임안(任安)이 처형되게 되자, 동병상련(同病相憐)의 마음으로 보낸 편지이다. 궁형을 당한 이후, 사마천이 가슴에 담아두었던 울분이 고스란히 녹아있는 명작이다.

　　'고(固)'자는 견고하다, 고집부리다, 완고하다, 고루하다, 오랫동안 등의 뜻으로 쓰인다.

　　고사(固辭); 고집(固執); 공고(鞏固); 한곳에 움직이지 않게 붙박는 것[固定]; 엉겨 딱딱하게 됨[凝固]; 완고하고 식견이 없음[固陋]; 원래부터 있음[固有]; 어떤 상황이나 현상이 굳어져 변하지 않음[固着]; 굳게 지킴[固守] 등등의 단어로 결합한다.

혹(或)…혹(或) 구문은 …하기도 하고, …하기도 한다는 의미로 해석한다.

혹 백 보를 간 뒤에 멈추고, 혹 오십 보를 간 뒤에 멈춘다[或百步而後止, 或五十步而後止]

혹 대인이 되기도 하고 소인이 되기도 한다[或爲大人, 或爲小人]

희기도 하고 푸르기도 하다[或素或靑]

앞서기도 하고 뒤처지기도 한다[或先或後]

느리기도 하고 빠르기도 한다[或遲或速]

두껍기도 하고 얇기도 하다[或厚或薄]

아름답기도 하고 못났기도 한다[或美或惡]

그것을 하기도하고 하지 않기도 한다[或爲之, 或不爲爾]


## 📝 심화학습

--------------------------------------------------------

　사람은 본디 한번 죽지만, [그 목숨이] 태산보다 무겁기도 하고 기러기 틸[鴻毛]보다 가볍기도 합니다. 죽음을 사용하는 방향이[所趨] 다르기 때문입니다. 우선 선조들을 욕보이지[辱先] 않고, 다음은 자신의 몸을 욕되게[辱身] 하지 않으며, 다음은 이치를 더럽히지[辱理色] 않는 것이고, 다음은 언사[辭令]로 욕되지 않는 것이며, 다음은 몸을 굽혀 욕을 당하지 않는 일이고, 다음은 옷을 갈아입는[易服] 치욕을 받지 않는 것이며, 다음은 나무와 밧줄에 묶여[關木索] 매질 당하는[被箠楚] 굴욕을 받지 않는 것이고, 다음은 머리털이 깎이고[剔毛髮] 쇠고랑을 차는[嬰金鐵] 치욕을 당하지 않는 것이며, 다음은 피부가 훼손되고[毀肌膚] 사지가 잘리는[斷肢體] 치욕을 당하지 않는 일이고, 가장 아래의 치욕은 부형(腐刑, 궁형)을 받는 것입니다.*


------

\* 　人固有一死, 或重於太山, 或輕於鴻毛, 用之所趨異也. 太上不辱先, 其次不辱身, 其次不辱理色, 其次不辱辭令, 其次詘體受辱, 其次易服受辱, 其次關木索被箠楚受辱, 其次剔毛髮嬰金鐵受辱, 其次毀肌膚斷肢體受辱, 最下腐刑極矣. 추(趨): 취향. 욕(辱): 욕 되다. 이색(理色): 도리와 안색. 굴(詘): 굽히다. 삭(索): 밧줄. 추(箠): 채찍. 초(楚): 매[회초리]. 척(剔): 깍다. 발(髮): 머리털. 영(嬰): 걸다[두르다]. 훼(毀): 훼손하다. 기(肌): 살. 부(膚): 살갗. 지(肢): 팔다리.

## 06 他山之石, 可以攻玉.

> 他山之石, 可以攻玉.
>
> 타산지석, 가이공옥.
>
> 다른 산의 돌이라도 [나의] 옥을 다듬을 수 있다.
>
> 他: 다른|남.　　攻: 다듬다.

이 두 시구는 유가(儒家)의 3대 경전[詩·書·易] 중 하나인 『시경』의 소아(小雅), 「학명(鶴鳴)」이라는 노래 가사 2절에 보인다.

제1절의 마지막 시구는 "다른 산의 돌이라도 [내 옥을 다듬는] 숫돌로 삼을 수 있다(它山之石, 可以爲錯.)"라고 끝은 맺고 있다. 여기 '착(錯)'자는 옥을 가는 데 사용하는 거친 돌을 뜻한다. 남의 산에서 나는 거칠고 보잘것없는 돌멩이라도 자신의 옥을 가는 숫돌로 사용할 수 있다는 말로, 다른 사람의 하찮은 언행이라도 자신을 수양하는 말로 삼을 수 있다는 의미이다.

원문에는 '타(他)'자가 '타(它)'자로 되어있다. '타(它)'자는 원래 뱀의 모양을 그린 글자지만, 다를 '타'자의 이체자로도 쓰인다. '타산'이란 '남의 산'이란 뜻이므로, 이 구조를 이용하여 한자어를 만들어보는 연습이 필요하다.

다른 사람[他人]; 다른 날[他日]; 다른 일[他事]; 다른 세계[他界]; 다른 장소[他所]; 다른 나라[他國]; 다른 고향[他鄕]; 남을 죽임[他殺]; 자기 외의 다른 사람[他者]; 다른 견해[他見]; 다른 구역[他域].

두 번째 문장에서 '가이(可以)'란 표현도 익혀둘 필요가 있다. '…를 할 수 있다'라는 가능태의 표현으로 뒤에는 반드시 술어[동사]가 따라 나온다. 먼저 '가(可)'자 단독으로 술어를 보조하는 역할을 할 때, '…할 수 있다'라는 의미와 '…할 만하다'라는 뜻으로 풀이된다.

可知; 可視; 可料; 可謂; 可觀; 可聽; 可恐; 可以移; 可以當; 可以洗; 可以與之; 可以解; 可以託; 可以動天; 可以得; 可以想; 可以醉; 可以濯; 可以復; 可以忘; 可以興; 可以怨; 可以和; 可以省; 可以遊; 可以休; 可以照; 可以傳; 可以回; 可以述; 可以追; 可以明

### 📝 심화학습

---

| 鶴鳴于九皋, | 학이 물이 깊은 곳에서 우니, | 九皋: 수택(水澤)의 깊은 곳 |
|---|---|---|
| 聲聞于天. | 소리가 하늘에도 들리네. | 聲: 소리 |
| 魚在于渚, | 물고기는 물가에 있거나, | 渚: 물가\|모래섬 |
| 或潛在淵. | 연못에 잠겼기도 하네. | 潛: 잠기다. 淵: 못 |
| 樂彼之園, | 즐거운 저 동산에 | 彼: 저(지시대명사). 園: 동산 |
| 爰有樹檀, | 심은 박달나무 있고 | 爰: 어조사. 檀: 박달나무 |
| 其下維穀.* | 그 아래엔 닥나무. | |
| 它山之石, | 남의 산의 돌이라도 | |
| 可以攻玉. | 옥을 다듬을 수 있네. | |

---

\* 유(維): 어기를 조절하는 조사로 아무런 뜻이 없음. 곡(穀): 『모전(毛傳)』에 따르면, 악목(惡木)이라고 한다. 닥나무[楮]로 보는 설이 있다.

## 07 戰勝易, 守勝難.

戰勝易, 守勝難.

전승이, 수승난.

싸움에서 이기기는 쉬워도 승리를 지키는 것은 어렵다.

戰: 전투.　勝: 이기다.　易: 쉽다.　守: 지키다.　難: 어렵다.

『오자(吳子)』라는 병법 서적에서 나온 문장이다. 무(武)에 관한 일곱 경전 중의 하나로, 『손자(孫子)』와 더불어 이 일곱 경전 중에서도 가장 뛰어난 병서(兵書)로 알려져 있다. 『손자』와 합쳐 '손오병법(孫吳兵法)'으로 불린다. 특히 『오자』는 과거시험 무과(武科)에 지원한 사람들이 초시(初試) 즉 1차 시험에 통과한 사람들이 다시 시험을 치르는 복시(覆試)에서 반드시 읽어야 하는 교과서로도 알려져 있다. 오자(吳子)의 '자(子)'자는 선생이라는 높임말로, 전국시대 위(魏)나라 장수 오기(吳起)를 말한다. 이 병법서는 오자와 위나라 군주인 문후(文侯)와 무후(武侯) 사이의 문답 형식으로 구성되어 있다. 실전에서 활용될 수 있는 원리와 원칙을 제시했고, 전쟁과 관련된 철학적 사색도 통일성 있게 제시되어 세상을 살아가는 처세술에도 많은 활용이 되었다. 특히 전쟁은 왜 일어나는가? 전쟁에 승리하려면 어떤 내적 요건들이 갖추어져야 하는가? 삶과 죽음의 문제를 다루고 있는 오기의 철학적 사고는 중요한 의미가 있다.

이 문장은 주어와 술어의 구성방식이다. 전승(戰勝)이란 '전쟁에서 이기다'는 말로 주어 역할을 하고 있다. 조심할 것은 '이(易)'의 발음이다. 형용사로서 '쉽다'는 의미로 쓰일 때는 [이]로 발음하고, 동사로서 바꾼다는 의미로 쓰일 때는 [역]으로 발음한다. 또한, '이'자의 상대어인 '난(難)'자를 넣어 암기하기 쉽게 짝을 이루어 놓은 점도 주목해야 한다. '이'와 결합하는 한자어로는 용이(容易), 편이(便易), 난이(難易) 등이 있고, '난'자와 결합하는 한자어로는 난독(難讀), 난시(亂視), 난청(難聽) 등이 있다.

## 심화학습

------------------------------------------------

오자가 이르기를, "나라를 다스리고 군대를 단속할[制國治軍] 때는 반드시 예(禮)로서 가르치고[教之以禮], 의(義)로써 독려하여[勵之以義] 부끄러움이 있도록 해야 한다[使有恥也]. 사람에게 부끄러움이 있으면 싸우기에는 충분하나[大足以戰] 지키기에는 부족하다[小足以守]. 그러므로 싸움에서 이기기는 쉬워도 승리를 지키기는 어렵다. 그러므로, '천하가 나라를 놓고 싸울 때 다섯 번을 이긴 자는 화가 되고, 네 번을 이긴 자는 피폐해지고, 세 번을 이긴 자는 패권을 잡고, 두 번을 이긴 자는 왕이 되고, 한 번 이긴 자는 황제가 된다.'라고 하였다. 이러한 이치로[是以], 여러 번 이겨 천하를 얻은 자[得天下者]는 드물고, 이로써 망한 자[亡者]는 많다."라고 하였다.[*]

------------------------------------------------

[*] 吳子曰, "凡制國治軍, 必教之以禮, 勵之以義, 使有恥也. 夫人有恥, 在大足以戰, 在小足以守矣. 然戰勝易, 守勝難. 故曰, '天下戰國, 五勝者禍, 四勝者弊, 三勝者霸, 二勝者王, 一勝者帝.' 是以數勝得天下者稀, 以亡者衆."
'사(使)'자는 사역의 의미를 나타내는 조사로 '…하게 하다'라는 의미이다. '재(在)'자는 부사로 쓰여, '재(才)'의 의미이다. 즉 비로소, 그래야, 겨우 등의 뜻이다. '數'자는 [삭]으로 읽어야 '자주'라는 부사적 의미로 쓰인다.

## 08 教也者, 長善而救其失者也.

教也者, 長善而救其失者也.

교야자, 장선이구기실자야.

가르침이란 것은 선함을 키워주고 그 잃음을 구해주는 것이다.

教: 가르침|가르치다.　　長: 기르다.　　救: 구제하다.

『예기』「학기(學記)」에 나오는 문장이다. 원래 『예기』는 오늘날 전하지 않는 『예경(禮經)』에 들어있었을 것으로 추정되는 편이었다. 배움과 가르침, 교학상장(教學相長)의 의미를 잘 보여주는 글이다.

교야자(教也者)는 '교자(教者)'라고만 해도 충분히 주어를 독립시켜 판단이나 정의의 문장을 이끌 수 있다. 여기서는 '야(也)'자를 더 추가하여 '가르침'이란 주어를 강조하고 있다.

효제(孝悌)라는 것은 모름지기 인(仁)의 근본이다[孝弟也者, 其爲仁之本與]

인이라는 것은 사람이다[仁也者, 人也]

예라는 것은 이치가 바뀔 수 없는 것이다[禮也者, 理之不可易者也]

악(樂)이란 안에서 움직이는 것이다[樂也者, 動於內者也]

몸이란 부모가 물려준 몸이다[身也者, 父母之遺體也]

담(淡)이란 다섯 가지 맛의 가운데이다[淡也者, 五味之中也]

'장(長)'자는 기르다, 가르치다, 북돋우다, 이끌다 등의 뜻을 지니는 동사로 사용되었다.

싹을 뽑아 올려 성장을 돕다[拔苗助長]

초목이 마침내 자라난다[草木遂長]

하루 아침에 장성했다[一旦長成]

나를 가르치고 길렀다[長我育我]

사치를 없애고 검소를 북돋운다[廢奢長儉]

## ✏️ 심화학습

배움에는 네 가지 잃음이 있으니 가르치는 자는 반듯이 그것을 알아야 한다. 사람의 배움에는 잃은 것이 많기도 하고[或失則多] 잃은 것이 적기도 하며[或失則寡], 잃기가 쉽기도 하고[或失則易] 잃기가 그치기도 한다[或失則止]. 이 네 가지는 마음이 같지 않기 때문이다. 그 마음을 안 뒤에야 그 잃음을 구해줄 수 있다[能救其失]. 가르침이란 것은 선함을 키워주고 그 잃음을 구해주는 것이다[長善而救其失者].*

---

\* 　學者有四失, 教者必知之. 人之學也, 或失則多, 或失則寡, 或失則易, 或失則止. 此四者, 心之莫同也. 知其心, 然後能救
　其失者也. 教也者, 長善而救其失者也.

## 09 臨財毋苟得, 臨難毋苟免.

臨財毋苟得, 臨難毋苟免.

임재무구득, 임난무구면.

재물을 앞두고 구차하게 얻으려 들지 말고, 어려움을 앞두고 구차하게 모면하려 하지 말라.

臨: 임하다.　財: 재물.　毋: …하지 마라.　苟: 구차하게.　得: 얻다.　免: 면하다.

『예기(禮記)』「곡례(曲禮)」 상편에서 발췌한 말이다. 이 「곡례」편은 중국 고대사회에서 행했던 혼례(婚禮), 군사(軍事), 교육, 제례(祭禮), 작명(作名)에 관한 규범을 기록한 자료이다.

먼저 '임'자가 들어가는 한자어를 생각해보자. 임전무퇴(臨戰無退), 임기응변(臨機応變), 임시변통(臨時變通), 임상실험(臨床實驗), 임종(臨終), 임박(臨迫) 등을 떠올릴 수 있다. 여기에서 구체적으로 '임'자가 가지고 있는 우리말 의미는 무엇인지를 찾아야 하는 것이 중요하다.

'무(毋)'자는 주로 문장 앞에 사용되는 …를 하지 말라는 명령의 어조를 가진 부정사이다. 거의 같은 경우에 쓰는 부정사로 '물(勿)'자가 있다.

무엇을 구차(苟且)하다고 할까? 바로 코앞만 바라보고 대충대충 살아가는 것, 또는 눈앞의 이익 때문에 본심을 거스르거나 비도덕적인 방식으로 살아가는 것을 말한다. 다시 말하자면, 구차는 장기적인 안목을 갖지 못하고 눈앞의 작은 유리함을 선택하고 만족하는 삶의 방식을 말한다. 구차한 목숨, 겨우 합치함, 구차하게 따름, 겨우 살아감, 구차스러운 말, 간신히 벗어남

구차하게 목숨을 보전하며 삶을 도모함[苟命圖生]

구차하게 그 숫자만 채움[苟充其數]

구차하게 성명[생명]을 보전함[苟全性命]

구차하게 세월을 연장함[苟延歲月]

---

### 📝 심화학습

--------------------------------------------------------------------------------

『예기(禮記)』「곡례(曲禮)」 상편: 현명한 사람은 친하면서도 그를 공경하고[狎而敬之] 두려워하면서도 그를 사랑하며[畏而愛之], 사랑하면서도 그의 나쁨을 알며[愛而知其惡], 미워하면서도 그 선함을 안다[憎而知其善]. 쌓아도 흩어질 수 있고, 안락함에 안주해도 옮겨갈 수 있다. 재물을 앞두고 구차하게 얻지 말고, 어려움을 앞두고 구차하게 면하려 하지 말라. 다투어 이김을 구하지 말고[很毋求勝], 나눔에 많음을 구하지 말라[分毋求多]. 의심 가는 일을 바로잡지 말고[疑事毋質], 정직하되 소유하지 말라[直而勿有].*

--------------------

\*　賢者狎而敬之, 畏而愛之. 愛而知其惡, 憎而知其善. 積而能散, 安安而能遷. 臨財毋苟得, 臨難毋苟免. 很毋求勝, 分毋求多. 疑事毋質, 直而勿有. 압(狎): 친하다. 흔(很): 다투다. 질(質): 따져 바로잡다. 유(有): 소유하다.

# 10 若升高, 必自下, 若陟遐, 必自邇.

若升高, 必自下, 若陟遐, 必自邇.

약승고, 필자하, 약척하, 필자이.

높이 오르려면, 반드시 아래에서 비롯하고, 멀리 나아가려면 반드시 가까운 데서 비롯한다.

若: 만약.　　升: 오르다.　　自: 비롯하다.　　陟: 나아가다.　　遐: 멀다.　　邇: 가깝다

이 문장은 『상서(尙書)』의 상서(商書), 태갑(太甲)에 보인다. 『상서』란 오경 중의 하나인 『서경』에 들어있었다고 전해지는 편들로 구성된 책이다. 58편의 『고문상서(古文尙書)』와 한나라 초기 복생(伏生)이 전했다는 『금문상서(今文尙書)』 29편이 있다. 대부분은 후세에 만들어진 편들로 의심을 받고 있다. '태갑'은 전설의 상나라 5대 군주로, 탕(湯) 임금의 손자로 전해진다.

『예기』, 「중용(中庸)」에도 "군자의 도는 멀리 가려면 반드시 가까운 곳에서 비롯하는 것에 비유할 수 있고, 높이 오르려면 반드시 낮은 곳에서 비롯한다는 것에 비유할 수 있다(君子之道, 辟如行遠, 必自邇, 辟如登高, 必自卑.)"라는 같은 취지의 말이 보인다.

'약(若)'자는 '만약…한다면'이라는 가정문을 이끈다. 또한, 이 '약'자는 '…과 같이(처럼)'의 의미로도 쓰이는데, 바로 '여(如)'자와 같은 역할을 한다.

　　만약 비가 온다면[若雨下]; 만약 사람이 없으면[若無人]; 만약 산에 오르면[若登山]; 만약 해가 뜨면[若日出]

　　최상의 선은 물과 같다[上善若水]

명백함이 불을 보는 듯하다[明若觀火]

옆에 사람이 없는 듯하다[傍若無人]

태연하게 그대로인 듯하다[泰然自若] *자약(自若): 침착함

듣고도 듣지 않은 척하다[聽若不聞]

떠도는 삶 꿈과 같다[浮生若夢]

대문 앞이 시장과 같다[門前若市]

'자(自)'자는 사람의 코 모양을 본뜬 상형의 문자에서 출발하여 '나', '자신'의 뜻을 가지며, 부사로는 '저절로', '스스로'등의 의미로 쓰이며, 동사적으로 쓰일 때는 '말미암는다' 또는 '비롯한다'는 뜻을 가진다.

위로부터[自上]; 아래로부터[自下]; 지금부터[自今]; 여기부터[自此]; 처음부터[自初]

벗이 먼 곳에서 온다면 또한 즐겁지 아니한가[有朋, 自遠方來, 不亦樂乎]

---

📝 **심화학습**

--------------------------------------------------------------------------------

높이 오르려면, 반드시 아래에서 비롯하고, 멀리 나아가려면 반드시 가까운 데서 비롯한다. 백성의 일을 가벼이 여기지 말고[無輕民事], 어려움을 생각하시오. 그 자리에 안주하지 말고[無安厥位] 위태로움을 생각하시오. 시작과 끝을 신중히 하시오[愼終于始]. 말이 당신의 마음에 거슬리거든[有言逆於汝心] 반드시 도에 맞는지 살펴보시오[必求諸道]. 말이 당신의 뜻에 순종하거든 반드시 도에 어긋나지 않는지 살펴보시오.*

--------------------------------------------------------------------------------

\*   若升高, 必自下, 若陟遐, 必自邇. 無輕民事, 惟難. 無安厥位, 惟危. 愼終于始. 有言逆於汝心, 必求諸道. 有言遜於汝志, 必求諸非道. 유(惟): 생각하다. 궐(厥): 그. 신(愼): 신중하다. 역(逆): 거슬리다. 여(汝): 2 인칭대명사. 손(遜): 순종하다 [부합하다].

# 11 君子以同道爲朋, 小人以同利爲朋.

> 君子以同道爲朋, 小人以同利爲朋.
>
> 군자이동도위붕, 소인이동이위붕.
>
> 군자는 같은 도를 추구하는 사람을 벗으로 여기고, 소인은 같은 이익을 추구하는 사람을 벗으로 여긴다.
>
> 道: 길|도.　　朋: 벗.　　利: 이익.

　　구양수(歐陽修)의 「붕당론(朋黨論)」에서 발췌했다. 구양수(歐陽修, 1007~1072)는 북송(北宋) 시대 학자이자 관료로, 자는 영숙(永叔), 호는 취옹(醉翁) 또는 육일거사(六一居士)이며, 강서 성여릉(廬陵, 현 길안) 출신이다. 당송팔대가(唐宋八大家)의 한 사람으로 북송의 문풍(文風)을 진작시키고 다소 온건한 정치개혁을 주장했다. 범중엄(範仲淹, 989~1052)가 당시의 정치 상황을 비판하는 상소를 올리자 이에 대한 여파로 좌천(左遷)되었다. 이후 범중엄이 다시 집정(執政)하자 간신들이 이들 범중엄 등을 붕당(朋黨)이라 지목하며 모함하려 했다. 이 구양수의 붕당론은 범중엄 일파를 변호할 목적으로 작성되었다. 여기서는 군자의 붕당과 소인의 붕당이 다른 점을 변론하고 군자의 붕당을 중용(重用)해야 할 중요성을 역설했다.

　　붕당(朋黨) 『논어』 「위정편」에 "군자는 두루 미치게 하되 편당(偏黨)치 않으며, 소인은 편당하면서 두루 미치지 않는다(君子周而不比, 小人比而不周.)"이 해석은 주희(朱熹)의 설명에 따른 것이다. 다시 『논어』에는 공자의 제자 무마기(巫馬期)가 "군자는 무리를 짓지 않는다고 들었는데, 군자도 무리를 짓습니까(吾聞君子不黨, 君子亦黨乎!)"라고 한 말이 기록되어있다. 『순자』 「강국」에서 옛날 사대부에 관하여 "작당하여 사적 이익을 꾀하지 않고[不比周], 당파를 이루지 않으며[不朋黨], 초연하게 분명하게 소통하고 공적이지 않음이 없다[倜然莫不明通而公也]"라고 하였다. 다시 순자(荀子)는 신하의 도리[臣道]를 말하면서 "붕당비주[朋黨比周]하여, 임금을 둘러싸고[環主], 사사로움을 도모하는 데 힘쓰는 자가 바로 임금의 권력을 뺏는 신하[簒臣]이다."

'以A 爲B' 구문은 'A를 B로 여기다|말하다|삼다'라는 의미로 해석한다.

옷은 새것을 좋다고 여긴다[衣以新爲好]
사람은 오래된 것을 좋다고 여긴다[人以舊爲好]
인(仁)함은 효제를 근본으로 삼는다[爲仁, 以孝弟爲本]
이로움을 이로움으로 여기지 않고, 의로움을 이로움으로 여긴다[不以利爲利, 以義爲利也]
나쁜 옷 나쁜 음식을 몹시 부끄럽게 생각한다[惡衣惡食, 深以爲恥]

## 12 不知恥者, 無所不爲.

> 不知恥者, 無所不爲.
>
> 부지치자, 무소불위.
>
> 부끄러움을 모르는 자는 하지 못할 것이 없다.
>
> 知: 알다.　　恥: 부끄러움.　　無: 없다.　　所: ~하는바.

송나라의 대문호 구양수(歐陽修, 1007~1072)의 『집고록(集古錄)』, 권4에서 발췌한 문장으로, 구양수가 황초(黃初) 원년(220)에 위나라 공경을 존호로 올리자는 표문[魏公卿上尊號表]을 새긴 비문을 논하면서 나온 말이다.

'부끄러움을 모른다[不知恥]'라는 문장과 사람을 의미하는 '자(者)'자 사이에는 '지(之)'자가 생략된 것으로 본다.

있거나 없거나를 나타내는 존재문은 그 주체가 유·무(有·無)의 뒤에 위치한다.

덕이 있는 자는 반드시 말이 있다[有德者必有言]

세상에 백락이 있고 난 뒤에 천리마가 있다[世有伯樂然後有千里馬]

세 사람이 길을 가면 반드시 나의 스승이 있다[三人行必有我師]

입에는 꿀이 있고, 배에는 검이 있다[口有蜜腹有劍]

옳은 것도 없고 옳지 않음도 없다[無可無不可]

항상된 자산이 없으면 항상된 마음도 없다[無恒産無恒心]

물이 맑으면 물고기가 없다[水至淸則無魚]

근면은 값이 없는 보배다[勤爲無價之寶]

'소(所)'자는 뒤에 술어와 결합하여, 술어를 명사화한다. 이 경우, 문맥에 따라 …하는 것, …하는 바, …하는 곳 등으로 풀이된다. '소'자를 이용하여 다음의 표현을 만들어보자.

所願; 所關; 所爲; 所取; 所致; 所在; 所懷; 所奪; 所顧; 所謂; 所得; 所屬; 所重; 所聞; 所任; 所用; 所定; 所藏; 所持; 所感; 所志; 所知; 所生; 所指; 所然; 所失; 所束; 所學

여기 이중부정을 통한 강한 긍정을 표출하는 '무소불위'란 표현은 오늘날에는 절대적 권한을 가지고 있는 사람에게 사용한다.

모르는 바가 없다[無所不知]
있지 않은 것이 없다[無所不在]
꺼릴 것이 없다[無所忌憚]

## 심화학습

오른쪽은 위공경의 존호를 올리자는 상소문이다. 당나라 현인들은 양곡의 글씨라고 하고, 오늘날 사람들은 양곡이 아니라 종요의 글씨라고 하는데, 누가 맞는지 모르겠다[未知孰是]. 아! 한나라와 위나라 시기의 일은 그 글씨를 읽으면 눈물을 흘리게[流涕] 할 수 있다. 이 큰 비문[鉅碑]의 아름다운 글자[偉字]들은 그 의미가 전해진 것이 오래되지 않은 것 같다. 어찌[豈] 후세 사람들을 속일 수 있다고 생각한 것일까? 그렇지 않다면[不然], 부끄러움을 모르는 자에게 하지 못할 것이 없다는 것인가?*

---

* 右魏公卿上尊號表, 唐賢多傳爲梁鵠書, 今人或謂非鵠也, 乃鍾繇書爾, 未知孰是也. 嗚呼! 漢魏之事, 讀其書者可爲之流涕也. 其鉅碑偉字, 其意惟恐傳之不遠也. 豈以後世爲可欺歟? 不然, 不知恥者, 無所不爲乎? 위(魏): 나라 이름. 당(唐): 나라 이름. 전(傳): 전하다. 숙(孰): 누구. 체(涕): 눈물. 거(鉅): 크다. 위(偉): 아름답다[훌륭하다]. 기(豈): 어찌. 공(恐): …할까 두렵다[…인 것 같다]. 기(欺): 속이다. 여(歟): 의문문에 붙이는 조사.

# 13 以令率人, 不若身先.

> 以令率人, 不若身先.
>
> 이령솔인, 불약신선.
>
> 명령으로 다른 사람을 거느리는 것은 솔선하는 것만 못하다.
>
> 以: …로.　　令: 명령.　　率: 거느리다.　　身: 몸소.　　先: 나아가다|먼저.
> 不若: …만 못하다.

이 문장은 구양수(歐陽修)가 1044년에 진요좌(陳堯佐, 963~1044)를 애도하며 쓴 태자의 태사(스승)로 벼슬한 증 사공 겸 시중 문혜 진공 신도비명[太子太師致仕贈司空兼侍中文惠陳公神道碑銘]에서 발췌했다. 신도비(神道碑)란 벼슬아치의 무덤 앞이나 근처 길목에 세워 죽은 사람의 업적을 기리는 비석을 말한다.

'이(以)'자는 '…로'라는 의미로 도구나 수단의 명사를 이끈다.

　　부채를 흔들다[以扇揮]
　　거울로 비추다[以鏡照]
　　힘으로 사람을 복종시키다[以力服人]
　　칼로 이리를 베다[以刀劈狼]
　　모두 정(情)으로 알리다[俱以情告]
　　마음으로 마음을 전하다[以心傳心]
　　덕으로 덕을 갚다[以德報德]
　　한 마디로 개괄하다[一言以蔽之]
　　무엇으로 구별하겠는가[何以別乎]
　　덕으로 그를 인도한다[道之以德]　*도(道)자는 도(導, 인도하다)의 뜻임.

무엇으로 행할까[何以行之]

충(忠)으로 군주를 섬기다[事君以忠]

친구로 인을 보완한다[以友輔仁]

'불약(不若)', '불여(不如)'는 열등으로 비교할 때 사용한다. 즉 '…보다 못하다'라는 의미로 해석된다.

다른 사람과 함께 함만 못하다[不若與人]

어찌 몸을 아낌이 오동나무와 가래나무만 못하리오[豈愛身不若桐梓哉]

말은 침묵만 못하고, 말을 잘하는 것은 말이 어눌함만 못하다[其言不若其黙也, 其辯不若其吶也]

듣지 않음은 듣는 것만 못하고, 듣는 것은 보는 것만 못하며, 보는 것은 아는 것만 못하고, 아는 것은 행하는 것만 못하다[不聞不若聞之, 聞之不若見之, 見之不若知之, 知之不若行之]

자기보다 못한 자를 벗하지 말라[無友不如己者] *무(無)는 물(勿)자처럼 부정 명령

그것을 아는 것은 그것을 좋아함만 못하고, 그것을 좋아하는 것은 그것을 즐기는 것만 못하다[知之者不如好之者, 好之者不如樂之者]

하늘의 때는 땅의 이로움만 못하고, 땅의 이로움은 사람의 화합만 못하다[天時不如地利, 地利不如人和]

내 일찍이 종일토록 생각해보았는데, 잠시라도 배우는 것만 못하더라[吾嘗終日而思矣, 不如須臾之所學也]

------------------------------------

　　[진요좌가] 수주(壽州)의 지주(知州)로 있을 때, [큰 흉년을 만나자] 공이 스스로 쌀을 내[出米], 죽을 만들어[爲糜] 굶주린 자[餓者]들을 먹이니, 아전과 백성들이 공의 솔선으로, 모두 다투어 쌀을 내어놓아, 수만 명을 살렸다. [그래도] 공은 "내 어찌 이 일을 내 개인적인 베풂[私惠]으로 여기겠는가."라고 하였다. 대개 명령으로 사람들을 이끄는 것은, 솔선하여[身先] 따르는 사람들이 즐겁게 하는 것만 못하다.[*]

------------------------------------

[*]　知壽州, 公自出米爲糜以食餓者, 吏民以公故, 皆爭出米, 其活數萬人. 公曰, 吾豈以是爲私惠邪! 蓋以令率人, 不若身先而使其從之樂也. 지(知): 지주(知州), 지사(知事), 즉 주현(州縣)의 우두머리. 미(糜): 죽. 사(食): 먹이다. 아(餓): 굶주리다. 개(皆): 모두. 쟁(爭): 다투다. 기(豈): 어찌. 혜(惠): 은혜|혜택. 신선(身先): 솔선하다. 사(使): 하여금.

# 14 合抱之木, 生於毫末

合抱之木, 生於毫末.

합포지행, 생어호말.

아름드리나무도 터럭 끝에서 자란다.

抱: 안다│아름.　　於: …에서.　　毫: 터럭.

　　노자(老子)의 『도덕경』(또는 『노자』)에서 발췌한 문장이다. 역사가 사마천(司馬遷)은 노자에 관하여, 노자는 초(楚)나라 사람으로 성씨는 이(李)이고 이름은 이(耳)이며, 자(字)는 담(聃)이라고 했다. 노자는 도(道)와 덕(德)을 닦아, 그의 학설은 자신을 숨기고[自隱], 이름을 내지 않음[無名]에 힘썼다고 한다. 노자의 무위자연(無爲自然) 설은 한(漢)나라 이후 도가(道家) 학파의 시조로 알려졌고, 유가(儒家)의 학문과 더불어 중국의 양대 사고방식으로 공존했다.

　　한자를 조합하여 한자어를 만들 때, 명사는 명사를 수식할 수 없으므로, 앞의 명사를 형용사처럼 해석해야 한다. 한자에는 그러한 변화형이 없으므로, 명사와 명사 사이에 '지(之)'자를 넣어 두 명사의 관계를 표시한다. 이 경우는 종종 '…의'라는 의미로 풀이된다. 둘째, 문장과 명사를 관계대명사처럼 연결할 때도 '지(之)'자를 사용한다. 예를 들어, '합포지목'의 경우, '합포'의 '포(抱)'자는 사람이 팔을 벌려 껴안을 수 있는 둘레, 즉 아름을 의미한다. 그러므로 '합포'는 술어와 목적어로 구성된 하나의 문장이다. "아름을 합치다"라는 문장과 나무[木]를 연결하려면 "아름을 합치다"는 문장이 나무를 수식하는 구조로 만들어야 한다.

　　세상을 뒤덮는 인재[蓋世之才]
　　개와 말의 정성[犬馬之誠]
　　개와 원숭이 사이[犬猿之間]

세대를 사이에 둔 듯한 느낌[隔世之感]

입은 화의 문[口禍之門]

쇠를 자르는 사귐[斷金之交]

거스름이 없는 벗[莫逆之友]

먹은 것을 되돌려 먹이는 효[反哺之孝]

의롭지 못함을 부끄러워하고 불선함을 미워하는 마음[羞惡之心]

때가 늦었다는 탄식[晩時之歎]

나라를 걱정하는 선비[憂國之士]

## 심화학습

---

안정된 것은 가지기 쉽고[安易持], 징조가 드러나지 않은 것은 도모하기 쉬우며[未兆易謀], 무른 것은 녹이기 쉽고[脆易泮], 미미한 것은 흩어지기 쉽다[微易散]. [그러므로 형태를] 가지기 전에 뭔가를 행해야 하고, 어지러워지기 전에 다스려야 한다. 아름드리나무도[合抱之木] 터럭 끝에서 자라고, 구층의 누대도[九層之臺] 흙을 쌓음에서 시작하며, 천 리의 걸음도[千里之行] 발아래에서 시작한다. [그러므로 의도적으로 뭔가를] 하려는 자는 실패하게 되고[爲者敗之], 잡으려 하는 자는 잃게 된다[執者失之]. 이로써 성인은 무위하므로 실패가 없고[無爲故無敗], 잡음이 없으므로 잃음이 없다[無執故無失]. 사람들이 일을 처리함에, 항상 거의 이루어지면 실패하게 되는데, 시작처럼 끝에 신중하면[愼終如始] 실패하는 일이 없다. 그러므로 성인은 욕심내지 않으려 하고[欲不欲] 얻기 어려운 재화[難得之貨]를 귀하게 여기지 않으며, 배우지 않음을 배우고, 뭇사람이 망친 것[衆人之所過]을 되돌려, 만물의 자연스러움을 도와 감히 [뭔가를 의도적으로] 행하지 않는다.[*]

---

[*] 其安易持, 其未兆易謀, 其脆易泮, 其微易散. 爲之於未有, 治之於未亂. 合抱之木, 生於毫末, 九層之臺, 起於累土, 千里之行, 始於足下. 爲者敗之, 執者失之. 是以聖人無爲故無敗, 無執故無失. 民之從事, 常於幾成而敗之, 愼終如始, 則無敗事. 是以聖人欲不欲, 不貴難得之貨, 學不學, 復衆人之所過, 以輔萬物之自然, 而不敢爲. 조(兆): 조짐. 모(謀): 도모하다. 취(脆): 무르다. 반(泮): 녹이다. 미(微): 미미함. 산(散): 흩다. 포(抱): 안다|아름. 호말(毫末): 터럭 끝. 누(累): 쌓다. 패(敗): 지다. 집(執): 고집하다. 상(常): 항상. 기(幾): 거의. 신(愼): 신중하다. 귀(貴): 귀하게 여기다. 복(復): 회복하다. 과(過): 허물|잘못.

# 15 快哉混沌身, 不飯復不尿.

> 快哉混沌身, 不飯復不尿.
>
> 쾌재혼돈신, 불반부불뇨.
>
> 편안했었지! 혼돈의 몸이여! 먹을 필요도 없고 배설할 필요도 없었지.
>
> 快: 유쾌하다.　　混: 섞다.　　沌: 어둡다.　　飯: 밥|밥을 먹다.　　尿: 오줌|오줌 싸다.

당나라 선승(禪僧)으로 알려진 한산(寒山) 시의 첫 연(聯)이다. 한산에 관해 알려진 기록도 없으며, 그의 시에는 제목도 없다. 있는 그대로의 족함과 인위(人爲)의 위태로움을 직설적으로 잘 표현한 시구이다.

[복]과 [부]라는 두 독음을 가지는 '復'자는 술어로 쓰일 때는 '돌아오다(가다)'라는 의미를 지닐 때는 [복]이라 읽는다. 반면 부사로 쓰일 때는 [부]로 읽고 '다시', '또'등의 의미로 새기며, '우(又)'자와 같은 역할을 한다.

부생(複生); 부활(復活), 부흥(復興); 복고(復古); 복권(復權); 복수(復讐); 복원(復元); 중언부언(重言複言); 극기복례(克己復禮)

말은 되돌릴 수 없다[言不可復也]

물은 흘러가면 되돌아가지 않는다[水去不復回]

산 구름이 끊어지면 다시 이어지지 않는다[山雲斷復連]

빠르게 흘러 바다로 이르면 다시 돌아가지 않는다[奔流到海不復回]

오늘 저녁은 또 어느 저녁인가[今夕復何夕]

'재(哉)'자는 주로 문장 끝에 붙여 감탄이나 반문의 어조사로 사용한다.

> 현재(賢哉); 선재(善哉); 애재(哀哉); 비재(鄙哉); 대재(大哉); 소재(小哉); 하재(何哉); 흠재
> (欽哉)
> 어찌 그것을 권했겠는가[何爲勸之哉]
> 어찌 혼자 즐거울 수 있겠는가[豈能獨樂哉]

또, '의(矣)'나 '호(乎)'자와 함께 쓰기도 한다.

> 내가 아는 것이 있겠는가[吾有知乎哉]
> 다른 마음이 있겠는가[有異心乎哉]
> 오래되었도다[久矣哉]
> 어렵도다[難矣哉]

## ✏ 심화학습

----------------------------------------------

　『장자』「응제왕(応帝王)」: 남해의 신을 숙(儵)이라 하고, 북해의 신을 홀(忽)이라 하며, 중앙의 신을 혼돈(渾沌)이라 한다. 숙과 홀이 이따금 혼돈의 땅에서 만났는데, 혼돈이 그들을 접대함이 매우 융숭했다[待之甚善]. 숙과 홀은 혼돈의 덕에 보답하기로 하며[謀報], "사람에게는 모두 일곱 구멍이 있어[人皆有七竅], 그것으로 보고, 듣고, 먹고, 숨을 쉬는데[視聽食息], 이 혼돈에게는 유독 있는 것이 없으니, 시험 삼아 구멍을 뚫어 주자[嘗試鑿之]."라고 했다. 날마다 하나의 구멍을 뚫어 주었는데[日鑿一竅], 칠 일이 되자, 혼돈이 죽었다.*

----------------------------------------------

# 16 思慮熟則得事理, 得事理則必成功.

> 思慮熟則得事理, 得事理則必成功.
>
> 사려숙즉득사리, 득사리즉필성공.
>
> 사고가 무르익으면 일의 이치를 얻고, 일의 이치를 얻으면 반드시 성공한다.
>
> 慮: 생각하다.　　熟: 무르익다|완전한 데에 이르다.

이 문장은 한비(韓非, 기원전 297?~기원전 233)의 저술로 알려진 『한비자(韓非子)』「해로(解老)」 편에서 발췌했다. 전국시대 법가(法家) 사상가인 한비에 관하여 사마천(司馬遷)이 『사기』에서 기술한 것을 요약하면 다음과 같다. 한비는 한(韓)나라 사람이고, 형명(刑名)과 법술(法術)에 심취했고, 황노(黃老)사상에 뿌리를 두고 있으며, 이사(李斯)와 함께 순자(荀子)의 문하에서 수학했다. 한(韓)나라의 영토가 줄어들고 나날이 쇠락하는 현실을 보고 여러 차례 글을 올렸으나 받아들여지지 않았다. 국가의 통치에 왕이 법제(法制)를 명확히 정비하고 세(勢)를 장악함으로써 신하들을 통제하고 부국강병을 위한 인재를 구하여 현명하고 능력 있는 자들을 등용해야 하거늘, 경박하고 간사한 좀벌레를 뽑아 윗자리에 앉히는 세태를 통탄하여, 「고분(孤憤)」, 「오두(五蠹)」, 「내외저설(內外儲說)」, 「설림(說林)」, 「세난(說難)」 등, 10여만 자에 달하는 문장을 지었다고 한다.

『설문해자(說文解字)』에 '사(思)'는 '예(睿, 미세한 일에 통함)'라고 설명했고, 려(慮)는 깊이 생각한다는 의미의 '모사(謀思)'라고 풀이했다. 두 글자 모두 깊이 생각하는 것을 말하지만, '려'자는 근심, 걱정을 뜻하는 '수(愁)'의 의미를 담고 있다.

　　사려가 분명히 통하면 말로 다투지 않는다[思慮明通而辭不爭]
　　성인은 사려함에 싫증 내지 않는다[聖人思慮不厭]

사려가 깊으면 피해는 멀어진다[思慮深, 避害遠]

## 📝 심화학습

------------------------------------------------------------

　자식을 사랑하는 사람[愛子者]은 자식에게 애착하고, 생명을 중시하는 사람[重生者]은 몸에 애착하며, 공을 귀하게 여기는 사람[貴功者]은 일에 애착한다. 자애로운 어머니는 어린 자식에게 복이 이르도록 힘쓰고[務致其福], 복이 이르면 화가 없도록 힘쓰며[事除其禍], 화가 없어지면 [자식의] 생각이 완전한 데에 이르고[思慮熟], 생각이 완전한 데에 이르면 일의 이치를 얻으며[得事理], 일의 이치를 얻으면 반드시 성공하고, 반드시 성공하면 그 행위를 의심하지 않으며[其行之也不疑], 의심치 않는 것을 용(勇)이라 한다[不疑之謂勇].*

------------------------------------------------------------

*　愛子者慈於子, 重生者慈於身, 貴功者慈於事. 慈母之於弱子也, 務致其福, 務致其福則事除其禍, 事除其禍則思慮熟, 思慮熟則得事理, 得事理則必成功, 必成功則其行之也不疑, 不疑之謂勇. 무(務): 힘쓰다. 치(致): 이르다|불러오다. 사(事): 일삼다[힘쓰다]. 제(除): 없애다. 숙(熟): 무르익다. 의(疑): 의심하다.

# 17 非人者, 必有以易之.

非人者, 必有以易之.

비인자, 필유이역지.

남을 그르다고 하는 자는 반드시 그것을 바꿀 것이 있어야 한다.

非: 그르다|비방하다.　　易: 바꾸다.

『묵자(墨子)』「겸애(兼愛)」편에서 발췌한 문장이다. 묵자(墨子)에 관하여 성명조차도 정확히 알려지지 않았다. 사마천의 『사기』에 따르면, 묵적(墨翟)은 송나라 때의 대부(大夫)였으며 공자와 같은 시대, 혹은 그보다 뒤라고 전하고 있을 뿐이다. 묵(墨)이 성씨이고 적(翟)이 이름이며 노(魯)나라 출신으로 대략 기원전 479년 정도에 태어나 기원전 381년경에 죽었으며, 이렇다 할 벼슬도 지내지 못한 천한 신분의 사상가였다고 한다. 『묵자』의 주장은 유가(儒家)의 집요한 배척을 받아 명나라 때의 도가 서적들을 집대성한 『도장(道藏)』이라는 총서에 수록되어 전하고 있다. 『묵자』의 내용은 겸애(兼愛)를 중심으로 비실용적 허례허식(虛禮虛飾)과 유가에 대한 비판에 초점이 맞추어져 있다. 확실히 맹자는 『묵자』의 주장을 반박하는데 중점을 두고 있다.

'이(以)'자는 명사로 사용되어 이유, 근거, 방법의 뜻이다.

> 어른은 천 리를 멀다 하지 않고 오셨으니 또한 장차 내 나라에 이롭게 할 것이 있습니까[叟不遠千里而來, 亦將有以利吾國乎]
> 다른 것이 있는가[有以異乎]
> 세상과 다른 것이 있다[其有以殊於世也]
> 그것을 풀 방법이 있으면 되지만, 그것을 풀 방법이 없으면 죽는다[有以解之則可, 無

以解之則死]

반드시 움직이게 할 방법이 있다[必有以動之]

오늘 욕을 당했다면 반드시 그것을 초래한 것이 있다[今見辱者, 必有以招之]

 **심화학습**

----------

남을 그르다고 하는 자[非人者]는 반드시 그것을 바꿀 것이 있어야 한다. 남을 그르다 하면서도 바꿀 것이 없다면[若非人而無以易之], 비유컨대, 물로서 불을 구제하는 것[以水救火]과 같으니, 그러한 설은 분명 옳다고 받아들여지지 않을 것이다. 이러한 까닭으로 묵자는 "아우름[兼]으로 차별[別]를 대체하라![兼以易別] 그렇다면 아우름이 차별을 바꿀 수 있는 것은 무슨 까닭인가?[故何] …남의 집을 위하는 것[爲人之家]이 자기의 집을 위하는 것과 같다면, 누가 홀로 자기 집안을 들어, 남의 집을 어지럽히겠는가! 그를 위한 것이 자기를 위함과 같다[彼猶爲己].*

----------

\* 非人者必有以易之, 若非人而無以易之, 譬之猶以水救火也, 其說將必無可焉. 是故子墨子曰, "兼以易別. 然卽兼之可以易別之故何也?…爲人之家, 若爲其家, 夫誰獨擧其家以亂人之家者哉!爲彼猶爲己也." 비(非): 비난하다|부정하다. 역(易): 바꾸다. 약(若): …라면. 비(譬): 비유하다. 유(猶): …와 같다. 구(救): 구하다. 겸(兼): 겸하다|아우르다. 고(故): 까닭. 하(何): 무슨. 위(爲): 위하다. 수(誰): 누구. 독(獨): 유독|홀로. 피(彼): 저것.

# 18 一犬吠形, 百犬吠聲.

> 一犬吠形, 百犬吠聲.
>
> 일견폐형, 백견폐성.
>
> 한 마리의 개가 어떤 형체를 보고 짖으면, 백 마리의 개가 그 소리에 따라 짖는다.
>
> 犬: 개.　　吠: 짖다.　　形: 형체.　　聲: 소리.

　　후한(後漢)의 정치사상가 왕부(王符, 83~170)가 당시의 정치적 폐단을 비판한 『잠부론(潛夫論)』에 나오는 말이다. 잠부(潛夫)란 은둔해 사는 사람이란 뜻으로 왕부가 만들어낸 인물이다. 왕부는 벼슬길에 오르지 않고 오로지 독서와 저술을 통해, 난세(亂世)의 폐정(弊政)을 날카롭게 비판한 책이 바로 『잠부론』이다. 위의 문장은 「현난(賢難)」편에서 왕부가 당시의 속담을 인용하면서 알려졌다.

　　송나라 불교 전승 기록인 『오등회원(五燈會元)』(권9)에 보면, 누군가 흙덩어리를 던졌을 때, "사자는 사람을 물고, 한로라는 개는 흙덩이를 좇는다(獅子咬人, 韓盧逐塊)."

## ✎ 심화학습

　　속담[諺]에 "한 마리의 개가 어떤 형체를 보고 짖으면, 백 마리의 개가 그 소리에 따라 짖는다."라고 하였다. 세상에 이런 고질병이 오래되었도다![此固久矣哉] 나는 세상 사람들이 진실과 거짓의 실정을 살피지 않음에[不察貞僞之情] 상심하여 허구의 의미[虛義]를 설정해 놓고 그 마음을 비유하여 "지금 재상[宰司]이 선비를 뽑는 것을 보면, 사원(司原)이 사냥하는 것과 같다."라고 하노라. 옛날 사원이라는 사람이 들에서 횃불을 밝히고 사냥[佃]하고 있었다. 사슴이 동쪽으로 달아나자 사원은 마구 소리 질렀다. 서쪽에 있던 사람들이 사원의 고함을 듣고, 다투어 소리 높여 호응했다. 사원은 사람들이 지르는 소리를 듣고, 오히려 자기가 쫓던 사슴을 포기하고[輟己之逐] 살금살금 다가가, 하얗게 더럽혀진 돼지를 만났다. 사원은 기뻐하며 자신이 상서롭고 진귀한 흰 짐승을 잡았다고 생각하고[自以獲白瑞珍禽也]는 갖은 사료를 주고, 곳간[囷倉]에 별도로 두어 그 짐승을 길렀다[養之]. 돼지가 머리를 끄덕이며[俛仰] 꾸민 소리를 내자[爲作容聲] 사원은 더욱 진귀하게 여겼다. 얼마 되지 않아 세찬 바람[烈風]이 불고 비가 내리자, 그 큰 돼지[巨豭]를 씻어내 더럽게 묻은 것[惡塗]이 퇴색되었다[渝]. 돼지는 놀라고 두려워[駭懼] 진짜 목소리[眞聲]를 내자, 사원은 비로소 집에서 기르는 수퇘지[艾豭]임을 알게 되었다. 이것이 소리에 따라 울리는 것을 좇은 잘못으로[此隨聲逐響之過也], 여러 사람이 부합한다 해도 믿으려 힘쓸 것은 아니다[衆遇之未赴信焉].*

---

* 諺曰, "一犬吠形, 百犬吠聲." 世之疾此固久矣哉! 吾傷世之不察貞僞之情也, 故設虛義以喩其心曰, "今觀宰司之取士也, 有似於司原之佃也." 昔有司原氏者, 燎獵中野. 鹿斯東奔, 司原縱譟之. 西方之衆有逐豨者, 聞司原之譟焉, 競擧音而和之. 司原聞音之衆, 則反輟己之逐而往伏焉, 遇夫俗惡之豨. 司原喜, 而自以獲白瑞珍禽也, 盡芻豢, 單困倉以養之. 豭俛仰噯咘, 爲作容聲, 司原愈益珍之. 居無何, 烈風興而澤雨作, 灌巨豭而惡塗渝, 逐駭懼, 眞聲出, 乃知是家之艾豭爾. 此隨聲逐響之過也, 衆遇之未赴信焉. 질(疾): 질병. 고(固): 본다. 상(傷): 상심하다. 찰(察): 살피다. 정위(貞僞): 정위(正僞), 옳음과 거짓. 설(設): 설정하다. 허의(虛義): 허구의 의미. 유(喩): 일깨우다|비유하다. 재사(宰司): 재상, 장관. 전(佃): 사냥. 료(燎): 횃불. 렵(獵): 사냥. 분(奔): 달아나다. 종(縱): 멋대로. 조(譟): 시끄럽다|크게 소리치다. 축(逐): 쫓다. 희(豨): 돼지. 경(競): 다투다. 거음(擧音): 소리를 높이다. 철(輟): 그치다. 복(伏): 엎드리다. 우(遇): 만나다|합치하다. 속(俗): 소(素)자의 의미로, 희다. 이(以): 여기다|생각하다. 서(瑞): 상서롭다. 진금(珍禽): 진귀한 짐승. 추(芻): 꼴. 환(豢): 기르다. 단(單): 단독으로. 균창(囷倉): 곳간. 시(豭): 돼지. 면앙(俛仰): 고개를 끄덕이다. 우이(噯咘): 돼지가 우는 소리를 형용함. 용(容): 꾸미다. 유익(愈益): 더욱더. 진(珍): 귀하게 여기다. 거무하(居無何): 얼마 되지 않아. 열풍(烈風): 거센 바람. 택우(澤雨): 장맛비. 관(灌): 씻어내다. 도(塗): 칠하다. 투(渝): 변하다. 해(駭): 놀라다. 구(懼); 두려워하다. 애(艾): 기르다. 가(豭): 암퇘지. 수(隨): 따르다. 향(響): 울림|소리. 과(過): 잘못. 부(赴): 힘쓰다.

# 19 仁者愛人, 有禮者敬人.

> 仁者愛人, 有禮者敬人.
>
> 인자애인, 유예자경인.
>
> 어진 사람은 다른 사람을 사랑하고, 예가 있는 사람은 다른 사람을 공경한다.
>
> 恒: 언제나.   愛: 사랑하다.   敬: 공경하다.

『맹자』「이루(離婁)하」에 수록된 맹자가 인간의 관계성을 역설한 말이다. 맹자(孟子)의 이름은 가(軻)이며, 추(鄒)나라 사람으로 기원전 304년경에 죽었다고 한다. 『맹자』는 맹가 자신이 지었다는 설, 맹자가 죽은 뒤에 제자였던 만장(萬章)과 공손추(公孫醜) 등이 기록한 것이라는 설, 맹가가 만장의 무리와 함께 『시경』과 『서경』을 서술하고, 공자의 뜻을 이어 『맹자』 7편을 지었다는 사마천(司馬遷)의 설이 있다. 공자의 학문을 계승하여 성선(性善)을 주장하며, 다른 학파의 설, 특히 묵가(墨家)에 대한 비판을 세워 유가의 학문을 변호하였다.

'인(仁)'은 '애(愛)'자와 '예(禮)'는 '경(敬)'자로 설명하고 있는 점에 주목할 필요가 있다. '애'자의 원래 뜻은 가는 모양이다. 오늘날 '애'자의 부수는 심(心)이지만 옛날에는 글자 아래에 보이는 '쇠(夊)'자로 천천히 걷는다는 의미이다. 애(愛)=㤅+夊이고 㤅=惠이며, 惠=仁이라고 『설문해자』는 설명하고 있다. '경'자는 복(攵)+극(茍)의 결합 형태이다. 극(茍)은 스스로 급히 삼간다(自急敕也)는 의미이다.

'…하는 자'의 구형을 만들어보자.

예가 있는 자[有禮之者]; 남을 사랑하는 사람[愛人之者]; 다른 이를 공경하는 사람[敬人之者]; 덕이 있는 사람[有德之者]; 하늘을 공경하는 사람[敬天之者]; 어짊이 있는 사람

[有仁之者]; 현명함이 있는 사람[有賢之者]; 믿음이 있는 사람[有信之者]; 하늘을 거스르는 사람[逆天之者].

애지(愛之), 경지(敬之)에서 '지(之)'자가 구체적으로 가리키는 것을 파악하고, '인(人)'자의 의미를 확인하는 복습을 해보자.

그를(그것을) 두려워하다[懼之]; 그를(그것을) 공경하다[敬之]; 그를(그것을) 믿다[信之]; 그를(그것을) 헤아리다[量之]; 그를(그것을) 살피다[察之]; 그것을 자랑하다[誇之]; 그를 속이다[欺之]; 그것을 매다[繫之]; 그것을 매달다[懸之]; 그를 만나다[遇之]

## 심화학습

군자가 보통 사람과 다른 까닭[君子所以異於人者]은 그 본래 가진 마음을 보존하고 있기[存心] 때문이다. 군자는 인(仁)으로 마음을 보존하고[以仁存心], 예(禮)로서 마음을 보존한다. 어진 이는 다른 사람을 사랑하고[仁者愛人], 예가 있는 사람은 다른 사람을 공경한다[禮者敬人]. 다른 사람을 사랑하는 이는 다른 사람이 항상 그를 사랑하며[人恆愛之], 다른 사람을 공경하는 이는 다른 사람이 항상 그를 공경한다.[*]

---

[*]  君子所以異於人者, 以其存心也. 君子以仁存心, 以禮存心. 仁者愛人, 有禮者敬人. 愛人者, 人恆愛之, 敬人者, 人恆敬之. 소이(所以): 까닭. 이(異): 다르다. 존(存): 지키다|간직하다. 항(恆): 항상.

# 20 正則用之, 邪則去之, 是則行之, 非則改之.

> 正則用之, 邪則去之, 是則行之, 非則改之.
>
> 정즉용지, 사즉거지, 시즉행지, 비즉개지.
>
> 바른 사람은 쓰고, 삐뚠 사람은 버리시며, 옳으면 행하고, 그르면 고치시오.
>
> 正: 바르다.　用: 쓰다|등용하다.　　邪: 어긋나다.　　去: 버리다.　　行:행하다.
> 改: 고치다.

소식(蘇軾, 1037~1101), 「다시 황제께 올리는 글(再上皇帝書)」에서 발췌한 문장이다. 소식의 자는 자첨(子瞻), 호는 동파(東坡)이고, 시호(諡號)는 문충(文忠)이다. 아버지 소순(蘇洵), 아우 소철(蘇轍)과 더불어 문명을 떨쳤다. 왕안석의 신법에 반대하여 지방관으로 전전했다. 시·서·화에 탁월한 재능을 보였고, 당송팔대가의 한 사람으로, 문하에는 소문사학사(蘇門四學士), 즉 황정견(黃庭堅, 1045~1105) 진관(秦觀, 1049~1100), 조보지(晁補之, 1053~1110), 장뢰(張耒, 1054~1114)와 함께 문단을 이끌었다.

송나라 낭엽(郎曄)의 『경진동파문집사략(經進東坡文集事略)』에 따르면, 이 글은 「다시 시대의 정사를 논한 글(再論時政書)」이라 제목하고 아래에는 "이때 신법(新法)이 시행되자 안팎에서 모두 그 불편함을 말하니, 신종(神宗, 1067~1085재위) 또한 의심하여 자못 깨우치는 뜻이 있었으나 왕안석(王安石, 1021~1086)의 무리가 신법의 시행을 더욱 고집하였으므로 동파공(東坡公, 소식)이 이미 만언서(萬言書)를 올리고 또다시 이 글을 올린 것이다."라는 부가 설명이 있다.

'則'자는 [칙]과 [즉] 두 발음이 있다. 법칙(法則), 원칙(原則), 준칙(準則)에서는 [칙]으로 발음한다.

내부의 규칙[內則]; 전체에 공통된 법칙[總則]; 세부적인 규칙[細則]; 학교의 규정[校則]; 법칙에서 벗어나 달라진 법칙[變則]; 항상된 법칙[常則]; 처벌을 규정한 규칙[罰則]; 어길 수 없는 굳은 규칙[鐵則]; 지켜야 할 규칙[守則]; 부가 규칙[附則]; 법칙을 어김[犯則]; 모임의 규칙[會則]; 회사의 법칙[社則]


접속사로 쓰이면 [즉]으로 읽는다. 바로 즉(即), 즉(卽) 등의 글자와 같은 역할을 한다.

성공하면 군왕이요, 패하면 역적이다[成則君王, 敗則逆賊]

덕을 겸비하면 밝고, 치우쳐 믿으면 어둡다[兼聽則明, 偏信則暗]

배우고서 생각하지 않으면 남는 것이 없다[學而不思則罔]

집이 가난하면 어진 아내를 생각한다[家貧則思良妻]

잘못했으면 고치는 것을 꺼리지 말라[過則勿憚改]

남을 책망하는 것은 밝고, 자기를 용서하는 데는 어둡다[責人則明, 恕己則昏]

반드시 죽고자 하면 살고, 요행히 살고자 하면 죽는다[必死則生, 幸生則死]


## 📝 심화학습

--------------------------------------------------------------------------------

등용할 인물[所用之人]에는 삐뚠 사람이 있고 바른 사람이 있으며, 행하는 일[所作之事]에는 옳음과 그름이 있습니다. 옳고 그름, 삐뚫과 바름[是非邪正]은 두 마디로 단정할 수 있지요[兩言而定]. [사람이] 바르면 쓰고, [사람이] 삐뚤면 없애며, [행위가] 옳으면 행하고[是則行之] [행위가] 그르면 고치십시오[非則改之].*

--------

\* 所用之人有邪有正, 所作之事有是有非. 是非邪正, 兩言而定. 正則用之, 邪則去之, 是則行之, 非則改之. 『송대가소문충공문초(宋大家蘇文忠公文抄)』, 권3.

# 21 人或譽之, 百說徒虛, 人或排之, 半言有餘.

> 人或譽之, 百說徒虛, 人或排之, 半言有餘.
>
> 인혹예지, 백설도허, 인혹배지, 반언유여.
>
> 사람이 누군가를 칭찬할 때는 백 가지의 논설이 부질없지만, 사람이 누군가를 밀어낼 때는 반 마디의 말로도 남음이 있다.
>
> 譽: 칭찬하다.    徒虛: 헛되다.    排: 밀어내다.    有餘: 남음이 있다.

유우석(劉禹錫, 772~842)의 「문대균부(問大鈞賦)」에서 발췌했다. 여기의 대균(大鈞)이란 하늘, 천도(天道) 또는 자연(自然)을 의미한다. 따라서 작품 명칭을 해석하면, '하늘(자연)에 묻는 부(賦)'라는 뜻이다. 부(賦)란 중국 고유의 문학 장르로, 운문과 산문을 섞어 쓰는 산문에 가까운 장르이다. 유우석의 자는 몽득(夢得)이며 당나라 시대 저명한 시인이다. 배도(裴度)의 추천으로 태자빈객(太子賓客)에 올라 유빈객(劉賓客)이라고도 부른다. 당시 백거이(白居易, 772~846)와 친하게 교유(交遊)하며 통속적이며 사회적 의미가 있는 시들을 주고받아 유백(劉白)으로 병칭(並稱)되었다. 그의 문집은 일명 『중산집(中山集)』으로 알려지기도 한 『유빈객문집(劉賓客文集)』 30권과 『외집(外集)』 10권이 전한다.

'혹(或)'자는 '혹은(그렇지 않으면)', '혹시(或是, 그럴 리는 없지만)', '어떤 경우에는'등의 의미로 해석된다.

만일에[或是|或如]; 어쩌다가 가끔[間或|或間]; 어떤 사람[或者]

되기도 하고 안 되기도 한다[或可或不可];

말이 많으면 간혹 맞을 때도 있다[多言或中]

묻노라! 아이들아, 혹시라도 스승의 덕을 잊었는가[問爾童子, 或忘師德]

도허(徒虛)의 '도'자는 무리를 지칭하는 명사로 사용되는 반면, 부사로 쓰일 때는 '헛되이', '부질없이'라는 의미가 있다. 도당(徒黨)과 도로(徒勞)라는 한자어를 예로 들 수 있다. 따라서 여기 '도허'란 둘 다 헛되다는 의미의 글자를 중복시켜 유효하지 못하거나, 부질없음을 강조하고 있다.

'배(排)'자는 물리치다 또는 배척한다는 의미이다. 여기서는 첫 문장에서 '칭찬한다'는 뜻의 '예(譽)'자와 대(對)를 이루고 있으므로, '비방하다'는 의미로 해석해도 된다. 이 '배'자는 늘어서다, 바로 잡다는 의미로도 많이 쓰인다. 다음의 한자어에서 그 의미를 새겨보자.

> 배척(排斥); 배제(排除); 안배(安排); 배설(排泄); 배구(排球); 안에 있는 물을 밖으로 빼
> 냄[排水]; 남을 반대하여 내침[排他|排擊]; 순서 있게 잘 벌려둠[排列|排置]; 알 씨가 알
> 집에서 떨어져 나옴[排卵]

'백설(百說)'의 '백'자는 수치적 계산으로 1백을 의미하는 것이 아니라 '많다'는 상징적인 의미이다.

> 백화(百花); 백관(百官); 백방(百方); 백년(百年); 백해(百害); 백인(百人); 백약(百藥).
> 책을 많이 읽으면 의로움이 절로 드러난다[讀書百遍, 義自見]
> 저들을 알고 자기를 알면, 많이 싸워도 위태롭지 않다[知彼知己, 百戰不殆]
> 원래 효란 온갖 행실의 뿌리이다[元是孝者, 百行之本]

# 22 夫天地者, 萬物之逆旅, 光陰者, 百代之過客.

> 夫天地者, 萬物之逆旅, 光陰者, 百代之過客.
>
> 부천지자, 만물지역려, 광음자, 백대지과객.
>
> 무릇 천지라는 것은 만물의 여관이요, 광음이란 것은 오랜 세월 지나가는 나그네이다.
>
> 逆旅: 여관.　　光陰: 세월|시간.　　過客: 나그네.

이 문장은 이백(李白, 701~762)의 「봄날 밤 복숭아와 자두꽃 핀 정원에서 잔치를 열며 지은 시의 서문[春夜宴桃李園序]」의 첫 번째 문장이다. 이 명문장은 이백이 어느 봄날 밤에 복숭아꽃과 자두꽃이 핀 정원에서 멀고 가까운 형제들과 연회를 하는 과정에서 그들이 노래한 시들을 모아 책으로 만들면서 그 책의 서문을 쓴 글이다. 이들의 시집은 오늘날 전해지지 않고, 이 서문만 남아있다. 이백의 세계관이 잘 드러나 있고, 특히 이 문장은 공간과 시간에 대해 언급을 하고 있다는 점에서 주목할 만하다. 이백의 자는 태백(太白)이며, 호는 청련거사(青蓮居士)이다. 시성(詩聖) 두보(杜甫, 712~770)와 더불어 당현종(唐玄宗, 685~762) 시대의 대표적 시인으로 유명하다. 자유분방한 낭만적 시풍과 도가(道家)적 풍미를 지녀 시선(詩仙)으로 불렸다. 당시 대문호였던 하지장(賀知章, 659~744)은 이백을 처음 만나보고 하늘에서 귀양 온 신선이라는 뜻으로 '적선(謫仙)'이라 불렀다고 한다.

자(者)자의 쓰임에는 크게 두 가지 용법이 있다. 첫째 '…하는 사람(자)'이란 뜻을 지닌다.

읽는 사람[讀者]; 듣는 사람[聽者]; 글을 쓴 사람[著者]; 사건과 사고를 기록하는 사람[記者]; 배우는 사람[學者]; 오는 사람[來者]; 가는 사람[去者]; 죽은 사람[死者|亡者]; 달리는 사람[走者]; 남을 알아주는 자는 지혜롭고 자신을 아는 자는 현명하다[知人者智, 自知者明].

둘째, 일종의 어조사 기능으로, 한자어와 문장 뒤에 붙여, 어감을 독립시켜 판단이나 정의를 이끄는 문장을 구성한다. 이때 '…하는 사람은' 또는 '…라는 것은'이라는 정도로 해석된다.

> 옛날에[昔者]
> 말 중에 천 리를 가는 것은 한 끼에 조 1석을 다 먹기도 한다[馬之千里者, 一食或盡粟一石]
> 인(忍)이란 천하의 표상이다[仁者, 天下之表也]
> 대인(大人)이란 갓난아이의 마음을 잃지 않은 자이다[大人者, 不失其赤子之心者也]

역려(逆旅)의 '역'자는 맞이한다는 의미로 쓰였고, '려'자는 나그네란 뜻으로, 즉 나그네를 맞이한다는 의미에서 여관, 객관 같은 뜻으로 사용되었다.

## 심화학습

무릇 천지라는 것[天地者]은 만물의 여관이요[萬物之逆旅], 광음이란 것[光陰者]은 오랜 세월 지나가는 나그네[百代之過客]이다. 그러나 뜬구름 같은(부평초 같은) 삶은 꿈과 같으니[浮生若夢], 그 즐김이 얼마나 되겠는가[爲歡幾何]. 옛사람들이 촛불을 들고 밤에 노닌 데[秉燭夜遊]에는 참으로 이유가 있었구나![良有以也] …좋은 시작(詩作)이 없다면, 어찌 이 고아한 회포를 펼 수 있겠는가. 만약 시를 지어내지 못한다면, 금곡(金谷)의 벌주 숫자에 따라 벌하리라.*

---

\* 夫天地者, 萬物之逆旅, 光陰者, 百代之過客. 而浮生若夢, 爲歡幾何. 古人秉燭夜遊, 良有以也.(…)不有佳作, 何伸雅懷. 如詩不成, 罰依金谷酒數. 역려(逆旅): 여관. 광음(光陰): 시간. 부생(浮生): 부평초나 뜬구름 같은 삶. 기하(幾何): 얼마인가. 병(秉): 잡다. 촉(燭): 촛불. 양(良): 진실로. 이(以): 까닭. 가(佳): 아름답다. 신(伸): 펴다. 아(雅): 고아하다. 회(懷): 회포. 의(依): 의거하다.

# 23 義理有疑, 則濯去舊見, 以來新意.

義理有疑, 則濯去舊見, 以來新意.

의리유의 즉탁거구견 이래신의.

의리(義理)에 의심이 나면, 옛 견해를 버리고, 새로운 생각을 오게 하라.

疑: 의문.　　濯: 씻다.　　舊: 옛.　　見: 견해.　　來: 오게 하다.　　新: 새롭다.
意: 생각

『근사록(近思錄)』 「치지편(致知篇)」 21에서 발췌한 문장이다. 『근사록』은 1175년 여름 여조겸(呂祖謙, 1137~1181)이 한천정사(寒泉精舍)에 머무는 주희(朱熹, 1130~1200)를 찾아가, 주돈이(周敦頤, 1017~1073), 정호(程顥, 1032~1085), 정이(程頤, 1033~1107), 장재(張載, 1020~1077)의 저술에서 "학문의 요체와 일상생활에 절실한" 글을 채록하여 편집한 책이다. '근사(近思)'란 『논어』 「자장(子張)」에서 "두루 배우되 뜻을 도탑게 하여 절실하게 묻고 가까이서 생각하면 인이 그 안에 있다(博學而篤志, 切問而近思, 仁在其中矣)"라고 한 것에서 따온 것이다.

'의리'는 성명의리지학(性命義理之學)의 의리를 말한다. 즉 사람으로서 마땅히 해야 하는 도리를 말한다. 성명(性命)이란 생명(生命)과 같은 말로 쓰이고, 성리학에서는 만물이 하늘로부터 받은 성품이라고 한다. 당나라 학자 공영달(孔穎達, 574~648)은 "성(性)이란 타고난 바탕으로 강(剛), 유(柔), 지(遲), 속(速)과 같은 구분이고, 명(命)이란 사람이 하늘에서 받은 것으로 귀(貴), 천(賤), 요(夭), 수(壽) 같은 종류이다(性者, 天生之質, 若剛柔遲速之別. 命者, 人所稟受, 若貴賤夭壽之屬.)"

------------------------------------------------------------

  의리(義理)에 의심이 나면, 옛 견해를 버리고, 새로운 생각을 오게 하라.【마음에 의심되는 바가 있는데도 옛 견해에 정체되면[滯<sup>체</sup>於舊<sup>구</sup>見] 편벽되고 고루해지니[偏執<sup>편집</sup>固吝<sup>고린</sup>] 새로운 생각이 어디에서 생겨날 것이며[新意何從<sup>하종</sup>而生] 옛 의문이 어디에서 풀리겠는가[舊疑<sup>의</sup>何自而釋<sup>석</sup>].】마음속에 열리는 바[所開<sup>개</sup>]가 있거든, 곧바로 기록해야 한다[卽便箚記<sup>즉변차기</sup>]. 생각하지 않으면 도리어 [열렸던 마음이] 막히게 된다. 또한, 친구의 도움을 받아[得朋友之助<sup>조</sup>] 하루 사이에도[一日間] 생각의 차이가 있어야 한다. 모름지기 강론을 이처럼 날마다 오래 하다 보면 저절로 나아감을 느낄 것이다[自覺進<sup>각진</sup>].<sup>*</sup>

------------------------------------------------------------

*   義理有疑, 則濯去舊見, 以來新意.【心有所疑而滯於舊見, 則偏執固吝, 新意何從而生, 舊疑何自而釋.】心中有所開, 卽便箚記. 不思則還塞之矣. 更須得朋友之助, 一日間意思差別. 須日日如此講論久, 則自覺進也. 체(滯): 정체되다. 편집(偏執): 치우쳐 고집하다. 고린(固吝): 완고하고 견문이 좁음. 변(便): 곧. 석(釋): 풀다. 차기(箚記): 독서하고 느낀 바를 그때그때 적어 놓는 것, 또는 그렇게 만든 책. 환(還): 도리어. 색(塞): 막히다. 갱(更): 다시[또]. 수(須): …해야 한다. 각(覺): 느끼다[깨닫다.

## 24 謂學不暇者, 雖暇亦不能學矣.

謂學不暇者, 雖暇亦不能學矣.

위학불가자, 수가역불능학의.

배움에 겨를이 없다고 하는 사람은 겨를이 있어도 배울 수 없다.

暇: 여유|틈.　雖: 비록.　不能: …할 수 없다.

회남왕(淮南王) 유안(劉安)의 『회남자(淮南子)』, 「설산훈(說山訓)」에서 발췌한 문장이다. 『회남자』는 한나라 초, 회남(淮南)의 제후였던 유안(劉安, 기원전 179~기원전 122)이 문하의 빈객(賓客)들과 공동으로 지은 책으로, 특정한 학파에 초점이 맞추어진 것은 아니다. 고유(高誘)가 붙인 서문에 따르면, "학자로서 『회남자』를 논하지 않으면, 대도(大道)의 심오한 의미를 알지 못할 것이다. 이로써 선현(先賢)의 통유(通儒)를 서술하는 학자라면 [이 책을] 원용하거나 채록하여 경전(經傳)을 증험하지 않은 사람이 없었다."라고 높이 평가했다. 여기 「설산훈」편은 일종의 격언들을 모아 놓은 책처럼 구성되어 있다.

'수(雖)'자는 도마뱀 같은 파충류와 관련된 글자로 만들어졌지만, 이후 그 쓰임이 무의미해져, 이 글자를 빌려와 양보절을 이끄는 연결사로 사용했다.

[그개] 비록 배우지 않았더라도, 나는 반드시 배웠다고 할 것이다[雖曰未學, 吾必謂之學矣]

비록 얻더라도 반드시 잃는다[雖得之, 必失之]

내 비록 영민하지 않아도 청컨대 한번 시험해보고자 한다[我雖不敏, 請嘗試之]

비록 좋은 안주가 있더라도 먹지 않으면 그 맛을 모른다[雖有嘉肴, 弗食, 不知其旨也]

그러므로 듣고서 보지 않으면 박식할지라도 반드시 잘못이 생기며, 보고서 알지 못하면 그것을 인식하더라도 허망하고, 알더라도 행하지 않으면 비록 도타울지라도 곤란해진다[故聞之而不見, 雖博必謬, 見之而不知, 雖識必妄, 知之而不行, 雖敦必困]

동쪽 집의 어머니가 죽었는데, 그 자식이 곡하는 게 슬프지 않았다. 서쪽 집의 아들이 그 광경을 보고 돌아가 그의 어머니에게 말하였다. "어머니, 어째서 빨리 죽지 않소?[何愛速死] 어머니가 죽으면 나는 반드시 슬프게 곡을 할 텐데." 어머니가 죽기를 바라는 자[欲其母之死者]는 비록 그의 어머니가 죽어도 슬프게 곡하지 않는다[雖死亦不能悲哭矣]. (이와 마찬가지로) 공부할 틈이 없다고 말하는 사람[謂學不暇者]은 비록 시간이 생겨도 공부하지 않는다[雖暇亦不能學矣].

---

*   유석명 옮김, 『회남자』 2(소명출판, 2010), 334~5쪽의 번역을 그대로 따름. "東家母死, 其子哭之不哀. 西家子見之, 歸謂其母曰, "社何愛速死, 吾必悲哭社!" 夫欲其母之死者, 雖死亦不能悲哭矣. 謂學不暇者, 雖暇亦不能學矣." 곡(哭): 곡하다. 귀(歸): 돌아오다[가다]. 위(謂): 이르다[말하다]. 비(悲): 슬프다. 욕(欲): 바라다. 가(暇): 겨를|틈. 역(亦): 또한|역시.

III. 한자 학습의 활용: 명언   159

## 25 善學者, 假人之長, 以補其短.

善學者, 假人之長, 以補其短.

선학자, 가인지장, 이보기단.

학문에 뛰어난 사람은 남의 장점을 빌려 자신의 단점을 보완한다.

假: 빌다.    長: 장점.    補: 보완하다.    短: 단점.

『여씨춘추』「맹하기(孟夏紀)·용중(用衆)」에서 발췌했다. 약칭 『여람(呂覽)』으로도 불리는 이 잡가(雜家)의 책은 진(秦)나라 재상을 지냈던 여불위(呂不韋, ?~기원전 235)가 문객(門客)들을 불러 모아 제자백가의 사상을 절충하여 만든 일종의 백과사전이다. 여불위는 이 책에 대한 자부심이 대단했던 모양이다. 사마천은 『사기』「여불위전(呂不韋傳)」에서 "함양의 저잣거리에 [이 책에] 1천 금을 걸어 펼쳐놓고, 제후, 유사(遊士), 빈객들 불러, 한 글자라도 보태거나 줄일 수 있는 자에게 1천 금을 주겠다고 했다(布咸陽市門, 懸千金其上, 延諸侯遊士賓客, 有能增損一字者予千金.)"라고 하였다. 이로부터 '일자천금(一字千金)'이라는 고사성어가 생겨났다.

'선(善)'자는 …에 능하다, 뛰어나다 또는 …을 잘한다는 의미로 쓰였다.

예(羿)는 활을 잘 쏜다[羿善射]
내 듣건대 서백(西伯)은 늙은이를 잘 봉양하는 사람이라 한다[吾聞西伯善養老者]
그러므로 싸움을 잘하는 자는 최고의 형벌에 굴복한다[故善戰者服上刑]
가르침을 잘하는 자는 사람들이 그 뜻을 계승하게 한다[善敎者, 使人繼其志]
잘 끝내는 자는 시작과 같다[善終者如始]
조보(造父)라는 자는 천하에서 말을 잘 모는 자이다. 수레와 말이 없으면 그의 능력을 드러낼 바가 없다[造父者, 天下之善御者也, 無輿馬則無所見其能]

[사람을] 잘 고르는 자는 사람을 잘 제어하고, 잘 고르지 못하는 사람은 다른 사람에게 제어된다[善擇<sup>택</sup>者制<sup>제</sup>人, 不善擇者人制之]

바꿈을 잘하는 사람은 점칠 수 없다[善爲易<sup>역</sup>者不占<sup>점</sup>]

말을 잘 부리는 자는 그 말을 잊지 않고, 활을 잘 쏘는 사람은 그 활을 잊지 않으며, 윗사람 노릇을 잘하는 사람은 그 아랫사람을 잊지 않는다[善御<sup>어</sup>者不忘<sup>망</sup>其馬, 善射<sup>사</sup>者不忘其弓<sup>궁</sup>, 善爲上者不忘其下]

## 심화학습

---

학문에 뛰어난 자[善學者<sup>자</sup>]는 제나라 왕이 닭을 먹는 것처럼 하여, 반드시 닭의 발바닥[跖<sup>척</sup>]을 수천 개를 먹은 다음에야 만족했고, 부족하더라도 발바닥이 있는 것처럼 했다. 사물에는 본시 장단점이 없을 수 없다[固<sup>고</sup>莫<sup>막</sup>不有長, 莫不有短<sup>단</sup>]. 사람 또한 그러하다[人亦<sup>역</sup>然<sup>연</sup>]. 그러므로 학문에 뛰어난 사람은 남의 장점을 빌려[假<sup>가</sup>人之長] 자신의 단점을 보완한다[以補<sup>보</sup>其短]. 그러므로 남[의 장점]을 빌리는 사람이 결국 천하를 소유한다[遂<sup>수</sup>有天下].*

『회남자』「설산훈(說山訓)」: 천하에 순백의 여우[粹<sup>수</sup>白狐<sup>호</sup>]는 없으나 순백의 갖옷[粹白之裘]이 있는 것은 순백의 것들만 가려서 모았기[掇<sup>철</sup>之衆<sup>중</sup>白] 때문이다. 학문에 뛰어난 자는 제나라 왕이 닭을 먹는 것처럼 하여, 반드시 닭의 발바닥[跖<sup>척</sup>]을 수천 개를 먹은 다음에야 만족했다.**

---

* 善學者, 若齊王之食雞也, 必食其跖數千而後足, 雖不足, 猶若有跖. 物固莫不有跖, 莫不有短. 人亦然. 故善學者, 假人之長, 以補其短. 故假人者, 遂有天下. 제(齊): 나라 이름. 계(雞): 계(鷄), 닭. 척(跖): 발바닥. 수(雖): 비록. 유(猶): …와 같다. 고(固): 본래. 연(然): 그러하다. 가(假): 빌리다. 보(補): 보완하다. 수(遂): 마침내.

** 天下無粹白狐, 而有粹白之裘, 掇之衆白也. 善學者, 若齊王之食雞, 必食其蹠數十而後足. 수(粹): 순수하다. 호(狐): 여우. 구(裘): 갖옷[털가죽 옷]. 철(掇): 고르다|가리다. 척(蹠): 발바닥.

# 26 死者不可復生, 離者不可復反.

> 死者不可復生, 離者不可復反.
>
> 사자가이부생, 이자불가부반.
>
> 죽은 것은 다시 살려낼 수 없고, 분리된 것은 다시 되돌릴 수 없다.
>
> 不可: …할 수 없다.　　復: 다시.　　離: 분리되다.

　　사마천의 『사기』 「태사공자서(太史公自序)」에서 도가(道家)를 평가한 단락에서 발췌한 문장이다. 태사공(太史公)은 바로 사마천 자신을 말한다. 요즘 서문은 권두에 쓰는 것이 일반적이지만, 옛날에는 권말에 썼다. 사마천 자신이 쓴 이 서문은 열전(列傳)의 맨 마지막에 수록되어있다.

## 📝 심화학습

---

　　도가(道家)의 무위(無爲)는 또한 무불위(無不爲)라고도 하는데, 그 실체는 행하기 쉬우나[其實易行] 그 말은 이해하기 어렵다[其辭難知]. 이들의 학술은 허무(虛無)를 근본으로 삼고 인순(因循, 자연에 순응함)을 실용으로 삼는다. 세(勢)를 이룸이 없고, 형(形)을 이룸도 없으므로 만물의 사정을 다 알 수 있고, 물(物)을 앞세우지 않고 물을 뒤로 물리지 않으므로 만물의 주인이 될 수 있다. 법(法)이 있지만 본받음이 없이, 때에 따라 생업이 되며, 법도가 있으나 헤아림이 없이 사물에 따라 더불어 합일한다. 그러므로 "성인은 불후하고 때에 따라 그 소임[守]을 변화시키며, 허(虛)가 도의 상규(常規)요, 인(因)이 군주의 벼리[綱]이다."라고 하는 것이다. 군신(君臣)이 함께 있어야 각자가 분명해진다. 실제가 그 말과 맞는 것을 단(端)이라 하고, 실제가 그 말과 맞지 않는 것을 관(窾)이라 한다. 빈말을 듣지 않아야[窾言不聽] 간사함

이 생기지 않게 되고[姦乃不生], 현명함과 불초함이 저절로 분별이 되며[賢不肖自分], 흑백이 이내 드러난다[白黑乃形]. 하고자 하는 바를 살펴 응용한다면 그 무슨 일인들 이루지 못하겠는가[何事不成]? 곧 대도(大道)에 합일되어 뒤죽박죽 어두우면서도 천하를 밝게 비추어 다시 무명(無名)으로 돌아간다. 무릇 사람을 살아 있게 하는 것은 신(神)이며, [그것을] 맡긴 것이 형(形)이다. 신(神)을 지나치게 사용하면 고갈되고[神大用則竭], 형(形)을 지나치게 부리면 쇠약해지며[形大勞則敝],형과 신이 분리되면 죽는다[形神離則死]. 죽은 사람은 다시 살아날 수 없고, 분리된 사람은 다시 되돌릴 수 없으므로 그것들을[形神] 중시한다. 이런 점으로 볼 때, 신(神)은 생명의 근본이요[神者生之本], 형(形)은 생명의 도구이다[形者生之具]. 신(神)과 형(形)을 안정시키는 것을 우선으로 삼지 않고 "나에게 천하를 다스릴 방법이 있다."라고 하는데, 무슨 근거인지 모르겠다[何由哉].*

---

* 道家無爲, 又曰無不爲. 其實易行, 其辭難知. 其術以虛無爲本, 以因循爲用. 無成埶(勢), 無常形, 故能究萬物之情. 不爲物先, 不爲物後, 故能爲萬物主. 有法無法, 因時爲業, 有度無度, 因物與合. 故曰, "聖人不朽, 時變是守. 虛者道之常也, 因者君之綱"也. 群臣幷至, 使各自明也. 其實中其聲者謂之端, 實不中其聲者謂之窾. 窾言不聽, 姦乃不生, 賢不肖自分, 白黑乃形. 在所欲用耳, 何事不成. 乃合大道, 混混冥冥. 光燿天, 復反無名. 凡人所生者神也, 所託者形也. 神大用則竭, 形大勞則敝, 形神離則死. 死者不可復生, 離者不可復反, 故聖人重之. 由是觀之, 神者生之本也, 形者生之具也. 不先定其神[形], 而曰, "我有以治天下", 何由哉? 실(實): 실행. 사(辭): 말. 술(術): 학술. 인순(因循): …에 말미암아 순환하다[자연에 순응하다]. 구(究): 추구하다. 법(法): 본받다. 탁(度): 헤아리다. 후(朽): 썩다. 수(守): 소임. 단(端): 실마리. 관(窾): 비다∣공허하다. 간(姦): 간사함. 혼혼(混混): 뒤섞인 모양. 명명(冥冥): 어두운 모양. 요(燿): 빛나다. 탁(託): 기탁하다. 갈(竭): 고갈하다. 로(勞): 힘들게 하다. 폐(敝): 해지다∣망가지다. 구(具): 도구. 이(以): 방법∣수단.

# 27 歲寒然後知松栢之後凋.

歲寒然後知松栢之後凋.

세한연후지송백지후조

날이 추워진 뒤에야 송백이 늦게 시듦을 안다.

歲寒: 설 전후의 추위.   松: 소나무.   栢: 잣나무.   凋: 시들다.

이 문장은 『논어』 「자한(子罕)」편에서 발췌한 공자의 말이다. 『논어』는 공자 사후에, 제자들이 스승을 추억하며 주고받은 대화를 모아 놓은 책이다. 편장을 나눌 수 없어 편의상 일정 분량으로 나누고 시작하는 두 글자로 20편의 편명으로 삼았다. 공자의 행적과 사고를 가늠할 수 있는 가장 믿을 만한 자료이다.

'연후(然後)'란 표현은 '…한 이후(以後)' 즉 '…한 뒤에'라는 부사구를 만들거나 앞의 문장의 행위를 한 뒤에 …한다는 문장을 이을 때 사용한다. 이때 '연후' 뒤에 구두점을 찍기도 한다.

> [저울로] 달아본 뒤에야 가볍고 무거움을 알고, [자로] 재 본 뒤에야 길고 짧음을 안다[權然後知輕重, 度然後知長短]
>
> 배우고 난 뒤에야 부족함을 알고, 가르쳐본 뒤에야 모자람을 안다. 부족함을 안 뒤에야 스스로 반성할 수 있고, 모자람을 안 뒤에야 스스로 강해질 수 있다.[故學然後知不足, 敎然後知困. 知不足然後能自反也, 知困然後能自强也]

김정희(金正喜, 1786~1856), 『완당선생문집(阮堂先生全集)』, 권4, 「이상적(李尙迪)에게 보낸 편지(與李藕船)」: 공자께서, "날이 추워진 뒤에야 송백이 늦게 시듦을 안다[歲寒然後知松栢之後凋]"라고 하였다. 송백은 본시 사계절 내내 시들지 않는다. 날이 추워지기 이전에도 같은 송백이었고[歲寒以前一松栢也], 날이 추워진 뒤에도 같은 송백인데[歲寒以後一松栢也], 성인이 특별히 날이 추워진 뒤라고 칭하였소. 그대는 나에게[君之於我] 이전이어서 더함이 없고[由前而無加], 이후라서 덜함도 없소[由後而無損]. 그러나 이전의 그대가 일컬을 만한 것이 없다면, 이후의 그대는 또한 성인에게 칭찬을 받을 만하지 않소[亦可見稱於聖人也耶]. 성인이 특별히 일컬은 것은, 늦게 시듦의 곧은 지조와 굳센 절개뿐만 아니라[非徒爲後凋之貞操勁節而已] 날이 추워진 때에 감흥이 일어난 바가 있어서[有所感發]이기도 합니다.*

---

* 孔子曰, 歲寒然後知松栢之後凋. 松栢是貫四時而不凋者. 歲寒以前一松栢也, 歲寒以後一松栢也, 聖人特稱之於歲寒之後. 今君之於我, 由前而無加焉, 由後而無損焉. 然由前之君無可稱, 由後之君, 亦可見稱於聖人也耶. 聖人之特稱, 非徒爲後凋之貞操勁節而已, 亦有所感發於歲寒之時者也. 관(貫): 관통하다. 특(特): 특별히. 칭(稱): 일컫다. 손(損): 빼다. 비도(非徒): '단지 …일 뿐만 아니라'라는 의미로 비단(非但)과 같은 말이다. 위(爲): … 때문에. 정조(貞操): 곧은 지조. 경절(勁節): 굳은 절개. 이이(而已): 문장 끝에서 …일 뿐이다는 의미를 강조한다. 감발(感發): 뭔가를 느껴 마음이 움직임.

# 28 新沐者必彈冠, 新浴者必振衣.

> 新沐者必彈冠, 新浴者必振衣.
>
> 신목자필탄관, 신욕자필진의.
>
> 새로 머리 감은 자는 반드시 관을 털고, 새로 몸을 씻은 사람은 옷을 흔들어 턴다.
>
> 沐: 머리 감다.　彈: 손으로 튀기어 털다.　浴: 몸을 씻다.　振: 흔들어 털다.

이 문장은 중국 전국시대 애국 시인으로 칭송되는 굴원(屈原, 기원전 343?~기원전 277?)이 지었다고 전해지는 「어부사(漁父辭)」에서 발췌했다. 굴원의 이름은 평(平), 자는 원(原)으로, 굴(屈)은 전국시대 초(楚)나라 왕족의 성씨이다. 초나라 회왕(懷王)을 섬겨, 왕실의 성씨를 관장하는 삼려대부(三閭大夫)를 지냈으나 주변 신하들의 질투(嫉妬)와 견제로 유배를 당해 지은 작품이 바로 장편 서정시 「이소(離騷)」이다. 이후 회왕의 아들 경양왕(頃襄王)에게도 내쳐져 그 우국충정의 마음을 달래지 못하고 강에 몸을 던져 죽었다. 현재도 단오절에는 굴원의 애국정신을 기려 물고기의 먹이를 강에 던져 주는 풍습이 전해진다. 여기 「어부사」는 진위 논란이 있지만, 굴원이 지었다고 가정한다면, 강물에 몸을 던지기 바로 직전의 작품으로 추정할 수 있다.

목욕(沐浴)의 '목'은 머리를 감는 것, '욕'은 몸을 씻는 것을 의미한다. 두 행위를 결합하여 몸 전체를 씻는 것을 말한다. 이러한 조합방식으로 이별(離別), 질투(嫉妬), 도로(道路), 붕우(朋友), 관찰(觀察), 의상(衣裳) 등등이 있다.

'탄(彈)'자에는 [손가락으로] 튀기다, 쏘다, 두드리다, 연주하다(타다), 나무라다, 탄핵하다 등의 동사적 의미와, '탄알'이라는 명사적 의미가 있다.

탄금(彈琴); 탄기(彈碁); 탄면(彈綿), 물체에 외부로부터 힘을 가하면 변형하고, 그 힘을 제거하면 원래의 모양으로 되돌아가려고 하는 성질[彈性]; 죄상을 들어서 책망함[彈劾]; 을러대고 억누름[彈壓]; 꼬집어 나무람[指彈]; 잘못이나 죄상 따위를 들추어 내어 엄격하게 따지고 비난함[糾彈]

## 심화학습

굴원이 말했다. "내가 듣기로, '새로 머리 감은 자는 반드시 관을 [손가락으로 튕겨] 털고[新沐者必彈冠], 새로 몸을 씻은 사람은 옷을 [흔들어] 턴다[新浴者必振衣]'라고 하였소. 어찌 깨끗한 몸으로 더러운 물건을 받아들일 수 있으리오! 차라리 상수(湘水)로 달려가 물고기의 배 속에 묻히는 것이 낫겠소[寧赴湘流, 葬於江魚之腹中]. 어찌 희고 흰 것으로 세속의 더러운 먼지를 뒤집어서 쓸[蒙世俗之塵埃] 수 있겠소."*

---

* 屈原曰, "吾聞之, 新沐者必彈冠, 新浴者必振衣. 安能以身之察察, 受物之汶汶者乎! 寧赴湘流, 葬於江魚之腹中. 安能以皓皓之白, 而蒙世俗之塵埃乎:" 목(沐): 머리를 감다. 욕(浴): 몸을 씻다. 찰찰(察察): 깨끗한 모양. 안(安): 어찌. 문문(汶汶): 더러운 모양. 녕(寧): 차라리 …하는 것이 낫다. 부(赴): 달려가다. 상(湘): 강물 이름. 장(葬): 장사지내다|묻히다. 복(腹): 배|창자. 호호(皓皓): 희고 깨끗한 모양. 몽(蒙): 입다|뒤집어쓰다. 진애(塵埃): 먼지와 티끌.

# 29 泰山不讓土壤, 故能成其大.

泰山不讓土壤, 故能成其大.

태산불양토양, 고능성기대.

태산은 토양[흙]을 사양하지 않았으므로 그렇게 크게 될 수 있었다.

泰山: 산동성의 산 이름|큰 산.　　讓: 사양하다.　　壤: 흙먼지.　　成: 이루다.

중국의 최초 통일왕조인 진(秦)나라의 재상을 지낸 이사(李斯)가 쓴 유세하는 학자들을 내쫓아서는 안 된다는 당위성을 논한 글[諫逐客書]에서 발췌한 문장이다. 이사는 초나라 사람으로 순자(荀子)의 제자였다가 진(秦)나라로 들어가 한비자(韓非子)를 제거하며 진나라의 실권을 차지했다. 이후 진시황(秦始皇)을 도와 천하를 통일하고 초대 재상이 되었다. 이사 또한 조고(趙高)의 모략으로 비참한 죽음을 맞이한다. 이사는 문장과 글씨에도 뛰어났다고 하나 현재 남아있는 글은 이 상소문뿐이다. 사마천(司馬遷)의 『사기』 「이사열전(李斯列傳)」에 이 글과 함께 자세한 전기가 수록되어있다.

고(故)자는 뜻밖의 사건(사정), 원인이나 이유, 또는 옛것을 의미하는 명사로 쓰인다. 유고(有故), 무고(無故), 연고(緣故), 온고(溫故) 등등이 있다. 또 옛날의, 또는 원래의 등의 형용사로 사용하여, 고사(故事), 고향(故鄕), 고국(故國), 고우(故友), 고인(故人) 등으로 조합한다. 또한 '죽다'라는 동사적 의미로도 사용되는데, 예를 들어 작고(作故), 고인(故人), 물고(物故) 등이 있다. 마지막으로 앞의 문장을 인과관계로 연결하는 연결사로도 사용한다. 이때는 '그러므로' 또는 '… 때문에' 등의 뜻으로 해석된다.

거처가 불안하므로 할 수 없다[居處不安, 故不爲也]
옛사람들은 백성들과 함께 즐겼으므로 능히 즐길 수 있었다[古之人與民偕樂, 故能樂也]

그러므로 높은 산에 오르지 않으면, 하늘의 높음을 알 수 없다[故不登高山, 不知天之高也]

능(能)자는 원래 곰의 모습을 그린 글자였으나 이후 웅(熊)자가 다시 만들어짐에 따라, 이 '능'자를 빌려와 능력, 능숙함을 의미하게 되었다. 이에서 파생하여 능력의 의미를 지닌 조동사로도 사용되었다. 이때는 주로 '…할 수 있다, 능히 …할 수 있다'는 의미로 해석된다.

능필(能筆); 능간(能幹); 능수(能手); 전능(全能); 만능(萬能); 무능(無能); 지능(知能)

어찌 능히 내가 수컷과 암컷을 구분할 수 있겠는가[安能辨我雄與雌]

비록 다른 친척이 있다 할지라도, 어찌 이와 같을 수 있겠는가[雖有他親, 豈能如此]

편작이라도 백골에 살이 나게 할 수 없다[扁鵲不能肉白骨]

그치지 않을 수 없다[不能不已]

누가 그를 제어할 수 있겠는가[孰能禦之]


### 심화학습

-----------------------------------------------------------------------

신이 듣건대, 땅이 넓은 자는 곡식이 많고[地廣者粟多], 나라가 큰 자는 사람이 많으며[國大者人衆], 군대가 강하면 병사가 용감하다[兵强則士勇]고 하였습니다. 이로써 태산은 토양을 사양하지 않았으므로 그렇게 크게 될 수 있었고, 황하는 가는 물줄기를 가리지 않았으므로 그렇게 깊어질 수가 있었으니, 왕은 뭇 사람들을 물리치지 않음으로써[王者不卻衆庶] 그 덕을 밝힐 수 있습니다[故能明其德].*

-----------------------------------------------------------------------

*  臣聞地廣者粟多, 國大者人衆, 兵强則士勇. 是以泰山不辭土壤, 故能成其大, 河海不擇細流, 故能就其深, 王者不卻衆庶, 故能明其德. 속(粟): 곡물. 태(泰): 크다. 사(辭): 사양하다. 양(壤): 흙덩이. 택(擇): 가리다. 세(細): 가늘다. 유(流): 물줄기. 취(就): 이루다. 각(卻): 각(却), 물리치다. 서(庶): 뭇사람.

# 30 兼聽則明, 偏聽則暗.

> 兼聽則明, 偏聽則暗.
>
> 겸청즉명, 편청즉암.
>
> 두루 들으면 밝지만, 치우쳐 들으면 어둡다.
>
> 兼: 겸하다.　聽: 듣다.　偏: 치우치다.　暗: 어둡다.

　『자치통감(資治通鑑)』, 권192, 당태종(唐太宗) 정관(貞觀) 2년(628) 조목에 보이는 당태종과 위징(魏徵, 580~643)의 문답에서 나온 말이다. 『자치통감』은 북송(北宋)의 역사가 사마광(司馬光, 1019~1086)이 지은 편년체 통사(通史)로, 줄여 『통감(通鑑)』이라고도 부른다. 1084년 완성된 이 사서는 총 294권으로 구성되어 있다.

　『관자(管子)』「군신(君臣)」에서 "무릇 백성의 일은 나누어 들으면 우(愚)요, 합하여 들으면 성(聖)이다(夫民別而聽之則愚, 合而聽之則聖)."라고 하였고, 왕부의 『잠부론(潛夫論)』「명암(明暗)」편에서 "임금이 밝다고 하는 까닭은 두루 듣기 때문이다. 그가 어둡다고 하는 까닭은 치우쳐 믿기 때문이다(君之所以明者, 兼聽也, 其所以暗者, 偏信也)."라고 한 말들은 모두 같은 맥락이다.

## 📝 심화학습

---

　왕이 위징에게 "군주가 어떻게 하면 밝으며[人主何爲而明], 어떻게 하면 어두운가[何爲而暗]?"라고 묻자, 위징이 "[여러 사람의 말을] 두루 들으면 밝고, 치우쳐 믿으면 어두워집니다[偏信則闇]. 옛날 요임금이 백성들에게 잘 물었기 때문에 유묘(有苗)의 죄악이 위로 들릴 수 있었고, 순임금은 사방의 눈으로 사방의 소리를 들었기 때문에 공공(共工)·곤(鯀)·환두(驩兜)·

삼묘(三苗)가 [죄악을] 덮지 못했습니다. 그런데 진나라 이세황제(二世皇帝)는 조고(趙高)의 말에 치우쳐 믿었다[偏信]가 망이궁(望夷宮)의 화를 만들었고, 양(梁)나라 무제(武帝)는 주이(朱异)를 치우치게 믿었다가 대성(臺城)의 치욕을 당했고, 수(隋)나라 양제(煬帝)는 우세기(虞世基)를 치우치게 믿었다가 팽성각(彭城閣)의 변란을 초래했습니다. 이 때문에 군주가 두루 듣고 널리 받아들이면[人君兼聽廣納], 높은 신하들이 [죄악을] 막고 가리지 못하여[貴臣不得壅蔽] 아래의 마음이 위로 통할 수가 있는 것입니다[下情得以上通].”라고 대답하였다.*

\*  上問魏徵曰, “人主何爲而明, 何爲而暗?” 對曰, “兼聽則明, 偏信則闇. 昔堯淸問下民, 故有苗之惡得以上聞, 舜明四目達四聰, 故共鯀驩苗不能蔽也. 秦二世偏信趙高, 以成望夷之禍, 梁武帝偏信朱异, 以取臺城之辱, 隋煬帝偏信虞世基, 以致彭城閣之變. 是故人君兼聽廣納, 則貴臣不得壅蔽, 而下情得以上通也.” 인주(人主): 군주. 암(暗): 암(闇), 어둡다. 편신(偏信): 치우쳐 믿음. 달(達): 이르다. 총(聰): 잘 들음. 폐(蔽): 덮다|가리다. 욕(辱): 굴욕. 변(變): 변고|변란. 납(納): 받아들이다. 옹(壅): 막다.

# 31 讓生於有餘, 爭起於不足.

讓生於有餘, 爭起於不足.

양생어유여, 쟁기어부족.

양보하는 마음은 여유로움에서 생기고 다툼은 부족함에서 일어난다.

讓: 양보.　　有餘: 여유로움.　　爭: 다툼.　　起: 일어나다.

이 문장은 동한(東漢) 시대 사상가 왕충(王充, 27~97?)의 『논형(論衡)』「문공(問孔)」, 「치기(治期)」, 「정현(定賢)」편에서 여러 차례 언급되었다. 왕충은 동한 사회의 잘못된 관념과 편견을 예리하게 논리적으로 저울질한 책이 바로 『논형』이다.

연암(燕巖) 박지원(朴趾源, 1737~1805)도 『열하일기(熱河日記)』「도강록(渡江錄)」에서 "이롭게 쓴 뒤에야 잘 살 수 있고, 잘 살고 난 뒤에야 그 덕을 바르게 할 수 있다. 그 쓰임을 이롭게 할 수 없으면서도 생활을 윤택하게 할 수 있는 것은 드물다. 삶을 족히 윤택하게 할 수 없는데, 또 어찌 그 덕을 바로 할 수 있겠는가(利用然後可以厚生, 厚生然後正其德矣. 不能利其用而能厚其生, 鮮矣. 生既不足以自厚, 則亦惡能正其德乎!)"라고 하며 경제적 윤택함이 있어야 정신적 가치를 회복할 수 있다는 실용적 사고를 언급한 바 있다.

## ✎ 심화학습

--------------------------------------------------------------------

『논형(論衡)』「문공(問孔)」: 가령 나라를 다스림에 먹을 것이 없으면[使治國無食] 백성은 굶주리고 예의를 버린다[棄禮義]. 예의를 버리면 신뢰가 어찌 서겠는가[信安所立]. 『서경』에 "창고가 가득하면[倉廩實] 백성들이 예절을 알고[知禮節], 의식이 족해야[衣食足] 백성들이 영욕

을 안다[知榮辱]."라고 하였다. 사양하는 마음은 여유로움에서 생기고, 다툼은 부족함에서 일어난다. 이제 양식을 버리면[今言去食], 신뢰가 어찌 이루어질 수 있겠는가.*

「치기(治期)」: 『서경』에 "창고가 가득하면 백성들이 예절을 알고, 의식이 족해야 백성들이 영욕을 안다[民知榮辱]."라고 하였다. 사양하는 마음은 여유로움에서 생기고, 다툼은 부족함에서 일어난다. 곡식이 족하고 먹을 것이 많아야[穀足食多] 예의의 마음이 생겨나고, 예가 풍성하고 의(義)가 막중해야[禮豊義重] 평안의 기틀이 세워진다[平安之基立矣].**

---

*   使治國無食, 民餓, 棄禮義. 禮義棄, 信安所立. 傳曰, "倉廩實, 知禮節, 衣食足, 知榮辱." 讓生於有餘, 爭生於不足. 今言去食, 信安得成? 사(使): 설령…한다면. 아(餓): 굶주리다. 기(棄): 버리다. 안(安): 어찌. 창름(倉廩): 창고. 영욕(榮辱): 영광과 욕됨. 양(讓): 양보. 쟁(爭): 다툼. 거(去): 버리다.

**  傳曰, "倉廩實, 民知禮節, 衣食足, 民知榮辱." 讓生於有餘, 爭起於不足. 穀足食多, 禮義之心生, 禮豊義重, 平安之基立矣. 풍(豊): 풍부하다. 기(基): 기틀|토대

## 32 先天下之憂而憂, 後天下之樂而樂歟.

先天下之憂而憂, 後天下之樂而樂歟.

선천하지우이우, 후천하지락이락여.

천하의 사람들이 걱정하기 전에 먼저 걱정하고, 천하의 사람들이 즐거운 뒤에 즐겨라.

범중엄(範仲淹, 989~1052)의 「악양루기(嶽陽樓記)」 마지막 단락에 보이는 문장이다. 범중엄의 자(字)는 희문(希文)이고 시호는 문정(文正)이다. 27세에 급제하여 중앙 요직을 차지했으나 정치개혁에 실패하여 지방관을 전전했으나 선정(善政)에 대한 명성은 우리나라에도 잘 알려져 있다. 악양루(嶽陽樓)는 호남성 동정호가 한눈에 내려다보이는 명승지로 유명하다. 이 누대가 언제 지어진 것인지는 분명하지 않지만, 당나라 문신 장열(張說, 667~730)이 716년 이 누대에 올라 시를 남겼다. 서문에 따르면, 범중엄의 친구인 등자경(滕子京, 이름 宗諒)이 1044년에 누대를 수리하고, 범중엄이 기문을 썼으며, 소순흠(蘇舜欽, 1008~1048)이 글씨를 쓰고, 소소(邵疎)가 편액 글씨를 썼다고 전한다. 멋진 풍광과 상반되게 느껴지는 시인의 마음을 잘 대비시켜 놓은 명작이다.

‘여(歟)’자는 문장 끝에서 의문의 어감을 돕는 어조사로 사용된다. 여(與), 또는 야(耶|邪)와 같은 역할을 한다.

그대는 삼려대부가 아닌가[子非三閭大夫歟]
하늘이 나를 잊었는가[天其忘予歟]
상갓집의 개인가[夫喪家之狗歟]
그렇다면 이리보다 나은가[然則狼愈歟]
이 누구의 잘못인가[是誰之過與]

　　아! 내가 일찍이 옛날 어진 사람의 마음을 찾아보니, 이 두 가지가[슬픈 마음과 기쁜 마음] 다르기도 것은 무엇 때문인가? 바깥 사물 때문에 기뻐하지 않고[不以物喜], 자기 때문에 슬퍼하지 않으며[不以己悲], 조정의 높은 자리에 있을 때[居廟堂之高]는 백성을 근심하고, 강호의 먼 곳에 살 때[處江湖之遠]는 임금을 걱정하니, 이렇게 나아가도 근심하고[進亦憂] 물러나서도 근심이로다[退亦憂]. 이러하니 언제 즐기란 말인가[然則何時而樂耶]? 분명 "천하의 사람들이 걱정하기 전에 먼저 걱정하고, 천하의 사람들이 즐긴 한 뒤에 즐겨라!"라고 말하리라. 아! 이 사람들[옛날 어진 사람들]이 없다면[微斯人] 내 누구와 함께 돌아갈까[吾誰與歸]?*

---

\* 　嗟夫, 予嘗求古仁之心, 或異二者之爲何哉. 不以物喜, 不以己悲, 居廟堂之高, 則憂其民, 處江湖之遠, 則憂其君, 是進亦憂, 退亦憂, 然則何時而樂耶. 其必曰, "先天下之憂而憂, 後天下之樂而樂歟." 噫, 微斯人, 吾誰與歸. 차부(嗟夫): 감탄하는 말. 상(嘗): 일찍이. 이(異): 다르다. 묘당(廟堂): 조정. 처(處): 살다. 퇴(退): 물러나다. 미(微): '무(無)'와 같은 부정사로 쓰였다.
　관중이 아니었다면, 우리는 머리를 풀고 왼쪽으로 옷을 여몄을 것이다[微管仲, 吾其被髮左衽矣]
　공자가 아니었다면, 우리가 어찌 이 말을 들었겠는가[微孔子, 吾焉聞斯言也哉]
　두 사람이 내려주지 않았다면, 구(丘, 공자 자신)의 도는 거의 없어질 뻔했다[微夫二子之賜, 丘之道幾於廢也]
　성인이 아니라면, 누가 이와 함께 할 수 있겠는가[微聖人, 其孰能與於此矣]

# 33 悟已往之不諫, 知來者之可追.

> 悟已往之不諫, 知來者之可追.
>
> 오이왕지불간, 지래자지가추.
>
> 지나간 일은 바로잡을 수 없음을 깨달았고, 오는 것은 따라잡을 수 있음을 알았네.

중국의 대표적 은일(隱逸)과 전원(田園)을 사랑한 시인 도잠(陶潛, 365~427)의 「귀거래혜사(歸去來兮辭)」에서 발췌한 문장이다. 도잠은 자(字)인 연명(淵明)으로 더 잘 알려졌다. 원량(元亮)이라는 다른 자(字)도 있으며, 정절(靖節)이란 시호를 받았다. 「귀거래혜사」는 「귀거래사」 또는 「귀거래혜」로도 알려진 이 작품은 유미주의적 글쓰기를 피하고 질박한 문체를 구사한 걸작 중 하나로 꼽힌다.

## ✎ 심화학습

돌아가자! 전원이 거칠어지려 하는데 어찌 돌아가지 않으랴[田園將蕪胡不歸]. 이미 스스로 마음을 육체의 도구로 부렸으니[旣自以心爲形役] 어찌 슬퍼하며 비탄만 하리오[奚惆悵而獨悲]. 이미 간 것은 바로잡지 못함을 깨달았고[悟已往之不諫], 오는 것은 따라잡을 수 있음을 알았다[知來者之可追]. 사실 길은 잃었지만 멀리 가지 않았고, 오늘이 옳고 어제가 잘못되었음[今是而昨非]을 깨달았다. 배는 살랑살랑 가볍게 날고[舟遙遙而輕颺], 바람은 한들한들 옷에 불어오네[風飄飄而吹衣]. 나그네 앞길을 물으며 희미한 새벽빛 원망하네. 이내 초라한 집을 쳐다보며 기뻐 달려가니, 어린 종이 환영하고, 어린 자식 문에서 기다리네. 세 갈래 오솔길 거칠어졌지만[三徑就荒], 소나무와 국화는 여전하네[ 松菊猶存]*.

---

* 歸去來兮! 田園將蕪胡不歸. 旣自以心爲形役, 奚惆悵而獨悲. 悟已往之不諫, 知來者之可追. 寔迷途其未遠, 覺今是而昨非. 舟遙遙而輕颺, 風飄飄而吹衣. 問征夫以前路, 恨晨光之熹微. 乃瞻衡宇, 載欣載奔, 僮僕歡迎, 稚子候門. 三徑就荒, 松菊猶存. 장(將): 장차. 무(蕪): 거칠어지다. 호(胡): 어찌. 기(旣): 이미. 역(役): 부리다. 해(奚): 어찌. 추창(惆悵): 슬픈 모양. 오(悟): 깨닫다. 간(諫): 바로잡다[正]|만회하다. 식(寔): 참으로. 미도(迷途): 길을 잃다. 요요(遙遙): 흔들거리는 모양. 표표(飄飄): 바람에 날리는 모양. 취(吹): 불다. 정부(征夫): 길가는 나그네. 신(晨): 새벽. 희미(熹微): 희미함. 첨(瞻): 바라보다. 형우(衡宇): '형'자는 두 기둥에 가로지르는 나무 하나로 만든 허술한 대문을 말하고 '우'는 집의 처마를 가리켜, 보잘것없이 단출한 집을 말한다. 載A載B: '재(載)'자는 어조사로 동작이나 상태의 동시성을 4자구로 맞춘 것이다. 載馳載驅; 載笑載言; 載寢載興; 載玄載黃; 載飛載下; 載飢載渴; 載沉載浮; 載淸載濁. 흔(欣): 기뻐하다. 분(奔): 달리다. 동복(僮僕): 어린 하인. 치(稚): 어리다. 후(候): 기다리다. 경(徑): 오솔길. 황(荒): 황폐하다. 유(猶): 그래도.

## 34 道之所存, 師之所存也.

道之所存, 師之所存也.

도지소존, 사지소존야.

도가 있는 곳이 스승이 있는 곳이다.

당나라의 문신이자 유학자 한유(韓愈, 768~824)의 「스승에 대하여[師說]」라는 짧은 산문에서 발췌한 문장이다. 한유의 자(字)는 퇴지(退之)이고, 창려(昌黎)에 봉해져 창려선생(昌黎先生)으로 불렸고, 시호는 문공(文公)이다. 육조(六朝) 시대에 유행한 유미주의적 변려문(駢儷文)에 반대하고 옛글[古文]을 제창하였다. 또한 유학(儒學)을 변호하는 과정에서 대표적 외래종교인 불교를 반대하여 송나라 때 형성되는 신유학, 즉 성리학의 기틀을 조성했다. 이 「사설(師說)」은 스승을 따라 배우지 않는 세태를 신랄하게 비판한 작품으로, 한유와 함께 고문을 제창했던 유종원(柳宗元, 773~819)은 「답위중립서(答韋中立書)」에서 "맹자가 '사람의 우환은 남의 스승이 되는 것을 좋아하는 데 있다'라고 하여, 위진(魏晉) 이래로, 사람들은 더욱 스승을 섬기지 않았다. 오늘날 스승이 있다는 말을 듣지 못했다. 있다면, 비웃거나 미친 사람으로 여겼다. 다만 한유만이 발분하여 습속을 돌아보지 않고 비웃음과 모욕을 무릅쓰고 후학들을 불러 모아 「사설」을 짓고 얼굴을 반듯하게 들고 스승이 되었다. 과연 세상 사람들은 무리 지어 이상하게 여기고 욕을 하며, [후학들을] 끌어들인다고 지목하고 덧붙여 말을 만들어냈다. 한유는 이에 미치광이라는 명성을 얻었으며, 장안에 살 때는 밥이 익을 겨를도 없이 가족을 끌고 동쪽으로 갔는데, 이러한 것이 여러 번이었다(孟子稱人之患, 在好爲人師, 由魏晉氏以下, 人益不事師, 今之世, 不聞有師, 有輒譁笑之, 以爲狂人. 獨韓愈奮不顧流俗, 犯笑侮, 收召後學, 作「師說」, 因抗顔而爲師. 世果群怪聚罵, 指目牽引, 而增與爲言詞. 愈以是得狂名, 居長安, 炊不暇熟, 又挈挈而東, 如是者數矣)"라고 하며 한유의 선구적 행위에 칭송을 보냈다.

----------------------------------------

  옛날 학자에게는 반드시 스승이 있었다[古之學者必有師<sup>사</sup>]. 스승은 도를 전하고, 학업을 전수해주며, 의혹을 풀어주기 때문이다[師者所以傳<sup>전도</sup>道·受<sup>수업</sup>業·解<sup>해혹</sup>惑也]. 사람은 태어나면서부터 아는 것이 아니거늘[人非生而知之者] 누군들 의혹이 없겠는가. 의혹이 있는데도 스승을 따르지 않으면 그 의혹은[其爲惑也] 끝내 풀리지 않을 것이다[終<sup>종</sup>不解矣]. 나보다 먼저 태어나 그가 도를 들음[聞道]이 진실로 나보다[乎<sup>호</sup>吾] 먼저라면, 나는 그를 따라 스승으로 삼겠다. 나보다[乎<sup>호</sup>吾] 늦게 태어났어도 그가 도를 들음이 또한 진실로 나를 앞섰다면 나는 그를 따라 스승으로 삼겠다. 나는 도를 스승으로 삼는다[吾師道也]. 어찌 나이가 나보다 앞이냐 뒤이냐를 따지겠는가[夫庸<sup>부용</sup>知其年之先後生於吾乎]. 그러므로 [신분의] 귀함도 천함도 없고 [나이의] 많음과 적음도 없다. 신분이나 나이에 상관없이 도가 있는 곳에 스승이 있게 되는 것이다. 도가 있는 곳[道之所存]이 스승이 있는 곳[師之所存]이다.<sup>*</sup>

----

<sup>*</sup>  古之學者必有師. 師者所以傳道·受業·解惑也. 人非生而知之者, 孰能無惑? 惑而不從師, 其爲惑也, 終不解矣. 生乎吾前, 其聞道也固先乎吾, 吾從而師之. 生乎吾後, 其聞道也亦先乎吾, 吾從而師之. 吾師道也. 夫庸知其年之先後生於吾乎? 是故無貴無賤, 無長無少. 道之所存, 師之所存也. 전(傳): 전하다. 수(受): 주다. 혹(惑): 의혹. 숙(孰): 누구. 호(乎): 어(於), ⋯보다. 부용(夫庸): 어찌.

# 35 出於泥而不染, 濯淸漣而不夭.

> 出於泥而不染, 濯淸漣而不夭.
>
> 출어니이불염, 탁청련이불요.
>
> 진흙에서 나왔어도 물들지 않고, 맑은 잔물결에 씻겼어도 요염하지 않다.
>
> 泥: 진흙.　　染: 물들다.　　濯: 씻다.　　漣: 잔물결.　　夭: 예쁘다.

정호(程顥)와 정이(程頤)의 스승이었던 염계(濂溪) 주돈이(周敦頤, 1017~1073)의 「애련설(愛蓮說)」에서 발췌한 문장이다. 주돈이의 자(字)는 무숙(茂叔)으로, 강서성 여산(廬山)에 있는 염계(濂溪)에 서당을 짓고 강학하여 호를 염계라 붙였다. 성리학의 비조로 칭송되며 그의 「태극도설(太極圖說)」은 주희의 집대성에 큰 영향을 주었다. 이 「애련설」은 주돈이가 도덕 수양이 높은 군자를 닮은 연꽃을 사랑하여 연꽃의 다양한 면모를 군자의 덕에 비유한 작품이다. 은유(隱喩)와 환유(換喩)의 전개가 필연적이다.

## 📝 심화학습

나는 유난히 연꽃이[予獨愛蓮] 진흙에서 나왔으나 물들지 않고[出於泥而不染], 맑은 잔물결에 씻겼어도 요염하지 않으며[濯淸漣而不夭], 속은 비어있고 겉은 곧으며[中通外直], 덩굴 치지 않고 가지를 내지도 않으며[不蔓不枝], 향기는 멀어질수록 더욱 맑고[香遠益淸] 청정하게 우뚝 서 있으며[亭亭淨植], 멀리서 바라볼 수는 있어도 만만하게 다룰 수 없음[不可褻翫]을 사랑하노라. 나는 국(菊)은 꽃 중에서 은일(隱逸)한 것[花之隱逸者]이요, 모란은 꽃 중에서 부귀한 것[花之富貴者]이요, 연(蓮)은 꽃 중에서 군자[花之君子者]라고 말하겠다. 아! 국화를 사랑함은 도연명(陶淵明) 이후로 들리는 것이 거의 없었고, 연꽃을 사랑함은 나와 같은 자가 몇 사람이나 될까[同予者何人]. 모란을 사랑함은 당연히 많을 테지[宜乎衆矣].*

---

* 予獨愛蓮之出於泥而不染, 濯淸漣而不夭, 中通外直, 不蔓不枝, 香遠益淸, 亭亭淨植, 可遠觀而不可褻翫焉. 予謂菊花
之隱逸者也, 牡丹花之富貴者也, 蓮花之君子者也. 噫! 菊之愛, 陶後鮮有聞, 蓮之愛, 同予者何人. 牡丹之愛, 宜乎衆矣.
통(通): 통하다. 직(直): 곧다. 만(蔓): 덩굴지다. 지(枝): 가지치다. 정정(亭亭): 우뚝하게 서 있는 모양. 식(植): 서다. 설
(褻): 더럽히다. 완(翫): 희롱하다. 위(謂): 말하다. 희(噫): 감탄사. 선(鮮): 드물다. 의호(宜乎): 당연히.

# 36 詩形而上者也, 文形而下者也.

詩形而上者也, 文形而下者也.

시형이상자야, 문형이하자야.

시는 형이상의 것이요, 문(文)은 형이하의 것이다.

形: 형태.　　文: 문장|글

조선 중기 문신 신흠(申欽, 1566~1628)의 『상촌고(象村稿)』, 권50에 수록된 『청창연담(晴窓軟談)』의 첫 단락에서 발췌한 문장이다. 신흠은 월사(月沙) 이정구(李廷龜), 계곡(谿谷) 장유(張維), 택당(澤堂) 이식(李植)과 함께 조선 중기 한문학의 사대가(四大家)로 불렸다. 호를 한 글자씩 따서 '월·상·계·택(月·象·谿·澤)'으로도 일컬어졌다. 『청창연담』은 영창대군(永昌大君)을 잘 보필하라는 선조의 유훈을 받은 일곱 신하[遺敎七臣]로 지목되었고, 1616년 인목대비(仁穆大妃)의 폐비와 관련하여 죄가 추가되어 1617년(52세) 1월 춘천에 유배되었다. 이후 1623년(58세) 인조반정으로 우의정에 복귀한다. 『청창연담』은 방귀전리(放歸田里)된 시기에 쓴 3권의 산문집으로 문학론과 시인에 대한 논평으로 구성되어 있다. 특히 춘천 유배 시절에 지은 『춘성록(春城錄)』(1권)은 일종의 산문집이고, 『도연명 시에 화운한 시[和陶詩]』 102수는 도잠(陶潛)의 시에 화운(和韻)한 시로, 유배지에서의 심정이 잘 그려져 있다.

신흠은 『춘성록』에서 17세기 초 춘천의 모습을 다음과 같이 기술했다. "춘천은 원래 집을 짓고 살만한 골짜기와 산이 있었으므로 서울에 사는 사람들이 집 지으려 터를 고를 때는 반드시 춘천을 꼽았다. 내가 처음 이곳에 온 것도 크게 춘천이라는 이름에 끌린 것이었으나 막상 가서 보건대 소양(昭陽) 일대를 제외하고는 대체로 평평할 뿐 기이한 절경은 없었다(春川素名有溪山可居, 故京洛之人, 欲卜築者, 則必曰春川. 余初來此, 亦太半爲春川之名所牽引. 而及來見之, 則昭陽一帶之外, 率平平無甚奇絶)"

문장이란 작은 기술[小技]로, 도(道)에 상당할 수 없지만, 문장을 높이 평가하는 자들은 '도를 꿰는 그릇[貫道之器]'이라고 지목함은 무엇 때문인가. 아마도 지극한 도가 있더라도 [雖有至道] 그 자체만으로 펼쳐 낼 수 없어[不能獨宣] 문장을 빌려 [도를] 전한다[假諸文而傳]. 그렇다면[然則] 서로를 필요로 하지 않는다고 말할 수는 없다. 시는 문자에서 말미암아 구(句)를 이룰 뿐이다. 시는 형이상(形而上)의 것[詩形而上者]이요, 문(文)은 형이하(形而下)의 것[文形而下者]이다. 형이상은 하늘에 속하며 형이하는 땅에 속한다. 시는 문사(文辭)에 중심을 두고 [詩主乎詞], 문(文)은 이치에 중점을 둔다[文主乎理]. 시에 리(理)가 없는 것은 아니지만, 리(理)는 절제를 전제한다[理則已愨]. 문(文)에 문사가 없는 것은 아니지만 문사는 화사함을 전제한다 [詞則已史]. 문사와 리(理) 모두의 가운데 있어야 한다.*

---

* 文章小技也, 於道無當焉, 而贊文者目以貫道之器, 何? 蓋雖有至道, 不能獨宣, 假諸文而傳. 然則不可謂不相須也. 詩即由文而句爾. 詩形而上者也, 文形而下者也. 形而上者屬乎天, 形而下者屬乎地也. 詩主乎詞, 文主乎理. 詩非無理也者, 而理則已愨. 文非無詞也者, 而詞則已史. 要在詞與理俱中爾. 찬(贊): 찬(讚), 찬미하다. 관(貫): 꿰뚫다. 기(器): 그릇. 수(雖): 비록. 선(宣): 펴다. 가(假): 빌리다. 수(須): 필요하다. 속(屬): 속하다. 호(乎): 어(於), …에. 각(愨): 삼가다|절제하다. 사(史): 화사하다. 요(要): 해야 한다. 구(俱): 모두.

## 37 憎中取善, 愛中知惡.

憎中取善, 愛中知惡.

증중취선, 애중지악.

미움 속에서도 선함을 취하고, 사랑 속에서도 악(惡)을 알아야 한다.

憎: 미움.　惡: 잘못된 것.

조선 후기 가난한 서얼 출신의 실학자 이덕무(李德懋, 1741~1793), 『청장관전서(靑莊館全書)』, 권48, 『이목구심서(耳目口心書)』에서 발췌한 문장이다. 이덕무의 자(字)는 무관(懋官)이고, 청장관(靑莊館), 형암(炯菴), 아정(雅亭), 선귤당(蟬橘堂) 등등 유난히 많은 호(號)로 알려졌다. 그만큼 이덕무의 문명(文名)이 높았다는 방증이기도 하다. 그의 글들은 국가적 차원에서 간행되었다는 점에서 18세기 문예 부흥을 주도했다는 평가가 지나친 말은 아니다. 이러한 폭넓은 지식과 문장력은 정조의 총애를 끌어냈다. 여기 『이목구심서』는 총 6권으로 구성되어 있는데, 25세 때인 1765년에 귀로 듣고 눈으로 본 것, 입으로 말하고 마음으로 생각한 것을 모아 놓은 일종의 잠언집이다. 25세에 이렇게 치우침 없는 사고를 지닐 수 있었던 저력은 바로 광적인 독서와 사색의 결정이 아니겠는가.

### 📝 심화학습

마음가짐이 공평하지 않아[持心不平], 애증(愛憎)이 한쪽으로 귀결되는 것[愛憎歸於一偏者]은 미혹이 심한 것이다[惑之甚也]. 사흘에 다섯 필(匹) 끊었는데, 시어머니[大시]가 고의로 지체했다고 의심하는[故嫌遲] 것은 미워함이 지나치게 치우친 것이다. 장인의 지붕에 있는 까마귀라도 사람들이 까마귀도 좋다고 좋아한다면 사랑이 지나치게 치우친 것이다. 또 이보다

심한 것도 있다. 기(奇)와 사(邪)가 마음에 파고들어[奇邪攻心] 고질병[痼疾]이 되면 치료하기
어려우니 또한, 슬프지 아니한가. 종기 딱지[瘡痂]가 코에 이르렀는데, 그것을 먹고 찬미하
며 "복어와 같다[如鰒魚]."라고 한다. 활시위가 지극히 곧은데 그것을 보고 한탄하며 곱자[曲
尺]와 같다고 한다. 여우의 흰 털을 모아 갖옷을 만들었는데[集狐白而爲裘], 해당화에 향이 없
다고 탄식한다[歎海棠之無香]. 미움 속에서도 선함을 취하고, 사랑 속에서도 악(惡)을 알아야
한다. 천하의 지극한 공평함은 여기에 있을 뿐이다[天下之至公存焉耳].*

---

* 持心不平, 愛憎歸於一偏者, 惑之甚也. 三日斷五匹, 大人故嫌遲, 憎之偏也. 丈人屋上烏, 人好烏亦好, 愛之偏也. 又有
甚於此者. 奇邪攻心, 痼疾難醫, 不亦哀乎. 瘡痂至鼻, 而啗而贊之曰, 如鰒魚. 弓弦至直, 而視而恨之曰, 如曲尺. 集狐白
而爲裘, 歎海棠之無香. 憎中取善, 愛中知惡, 天下之至公存焉耳. 지(持): 가지다. 증(憎): 미움. 편(偏): 치우침. 혹(惑):
미혹|의혹. 심(甚): 심하다. 단(斷): 끊다. 오(烏): 까마귀. 기(奇): 기이함. 사(邪): 삐뚬. 고질(痼疾): 고착된 병. 창(瘡): 종
기. 가(痂): 딱지. 담(啗): 먹다. 복(鰒): 복어. 현(弦): 시위. 집(集): 모으다. 호(狐): 여우. 구(裘): 갖옷. 탄(歎): 탄식하다.
'언(焉)'자는 '어지(於之)', '어시(於是)', '어차(於此)'의 의미이다.
사망과 가난, 사람의 커다란 나쁨은 여기에 있다[死亡貧苦, 人之大惡存焉]
즐거운 것은 거기에 있지 않다[所樂不存焉]
그대는 어찌 그것을 걱정하는가[君何患焉]
소자들은 그에 대해 무엇을 기술하겠습니까[小子何述焉]
그곳을 파자 감미로운 샘물이 거기에서 나왔다[掘之則甘泉出焉]
즐거움이 이보다 크지 않다[樂莫大焉]
어진 사람을 보고 그와 같아지려 생각한다[見賢思齊焉]
뭇사람이 그것을 싫어해도 반드시 그에 대해 살피고, 뭇사람이 그것을 좋아해도 반드시 그에 대해 살핀다[衆惡
之, 必察焉, 衆好之, 必察焉]

## 38 君子知足而能止, 故節而不過.

> 君子知足而能止, 故節而不過.
>
> 군자지족이능지, 고절이불과.
>
> 군자는 족함을 알고 능히 그치므로, 절도있게 지나치게 하지 않는다.
>
> 足: 족함.    止: 그침.    節: 법도.    過: 지나치게 하다.

강원도 원주 관기(官妓) 출신으로 알려진 김금원(金錦園, 1817?~1856?)의 『호동서락기(湖東西洛記)』에 나오는 문장이다. 김금원은 조선 후기 몰락한 양반 가문의 서녀(庶女)로 뒤에 김덕희(金德喜)의 소실이 되었다. 무려 14세(1차)에 남장을 하고 금강산 등지를 여행했고, 29세(2차)에는 관서 지방을 유람하고 남긴 기록이 바로 『호동서락기』이다. '호동'은 제천(堤川) 의림지(義林池) 즉 충청도[湖], 관동팔경 일대[東]를 가리키고, '서락'은 관서 지방[西], 서울[洛]을 뜻한다. 어떤 계기로 여행을 하게 된 것인지는 확인되지 않지만, 그녀의 걸음은 전통 관념에 대한 도전이었고, 깨달음의 과정이었다.

### 심화학습

서울 지역을 유람하고 두건과 의복을 돌아보니[自顧巾服], 문득 처연함이 느껴져[忽覺悽然], 혼자 마음속으로, "여아가 남장하는 것은 정말 예삿일이 아니다[女兒男裝, 極非常事]. 하물며 사람의 정이 다함이 없음에랴[況人之情無窮已焉]. 군자는 족함을 알고 능히 그치므로, 절도있게 지나치게 하지 않는다. 그러나 소인은 정에 매여 곧장 행하므로[小人經情而直行], 흘러가서는 돌아옴을 잊는다[故流忘返]. 이제 나는 장쾌히 유람하여 묵은 소원을 푼 것 같으니, 그치는 것이 좋겠다[斯可止矣]. 이와 다른 본분으로 돌아가 여자의 일에 종사하는 것, 또한 좋지 않겠는가."라고 하였다. 마침내 남자 옷을 벗어버리니 예전처럼[依舊] 비녀도 꽂지 않은 소녀였다.*

김금원은 금강산 일대를 돌며 펼쳐진 바다를 바라보며 다음과 같이 노래한다.

| | |
|---|---|
| 百川東滙盡, | 온 물줄기 동으로 흘러 다하니, |
| 深廣渺無窮. | 깊고 넓은 아득히 끝이 없네. |
| 方知天地大, | 이제 알았네. 하늘과 땅이 클지라도 |
| 容得一胸中. | 한 가슴에 담을 수 있음을. |

---

\* 遊覽京鄕, 自顧巾服, 忽覺悽然, 自語於心曰, 女兒男裝, 極非常事. 況人之情無窮已焉. 君子知足而能止, 故節而不過, 小人經情而直行, 故流忘返. 今余壯觀, 庶償宿昔之願, 斯可止矣. 還他本分, 從事女工, 不亦可乎. 遂脫去男服, 依舊是 未笄女子也. 유람(遊覽): 돌아다니며 구경하다. 고(顧); 돌아보다. 처연(悽然): 슬픈 모양. 장(裝): 옷차림을 하다. 황 (況): 하물며. 이언(已焉): 이의(已矣), 어조사를 두 개 겹쳐, 문장 끝에서 긍정의 어감을 강조하는 역할을 한다. 궁 (窮): 다하다. 과(過): 지나침. 경(經): 매이다. 망(忘): 잊다. 반(返): 돌아가다. 숙석(宿昔): 묵은|오래된. 상(償): 보상하 다. 사(斯): 이것|여기서. 환(還): 돌아가다. 타(他): 다른. 수(遂): 마침내. 탈거(脫去): 벗다. 의구(依舊): 예전 그대로. 계 (笄): 비녀|비녀를 꽂다.

芙蓉三九朶, 紅墮月霜寒.

芙蓉三九朶, 紅墮月霜寒.

부용삼구타, 홍타월상한.

연꽃 스물일곱 송이, 붉게 떨어지니 달은 서리에 싸늘하네.

부용 스물일곱 휘어지고, 붉게 떨어지는 달은 서리에 차네.

芙蓉: 연의 일종.　朶: 꽃송이.　墮: 떨어지다.


　　강릉 출신으로 『홍길동전』의 저자로 잘 알려진 허균(許筠, 1569~1618)의 누나인 난설헌(蘭雪軒) 허초희(許楚姬, 1563~1589)의 시집에 수록된, 「몽유광상산시(夢遊廣桑山詩)」라는 오언절구의 마지막 두 구이다. 허난설헌은 자신의 시문을 소각해 줄 것을 유언으로 남겨 전하지 않았으나 동생 허균이 외워 두었다가 편찬한 것이라고 한다. 1606년 1월 허균이 중국 사신 주지번(朱之蕃)과 양유년(梁有年)을 맞이하는 원접사(遠接使)의 종사관으로, 주지번에게 누나의 시집을 보여 주며 서문을 부탁하여 소인(小引)을 받았고, 양유년에게는 본국으로 돌아간 뒤에 시집을 보내, 그로부터 제사(題辭)를 받았다. 이것이 바로 조선 여인의 시가 중국에까지 알려지게 된 경위이다. 허균의 암송을 통해 편집된 시집은 결국, 허균의 입을 통해 다시 재연된 것이므로, 진위나 표절 논란이 꼬리를 물었다. 허초희는 남자처럼 경번(景樊)이라는 자(字)를 가졌고, 초희(楚姬)라는 이름도 매우 중국적이라는 점도 주목할 필요가 있다. 『난설헌시집(蘭雪軒詩集)』은 1권으로, 총 49 시제가 수록되어있고, 부록 3편이 들어있다. 위의 문장은 난설헌이 자기 죽음을 예고하는 꿈을 꾸고 지은 시로 알려지게 된 것은 동생 허균이 "누나는 기축년 봄에, 세상을 버렸다. 당시 27세였는데, '삼구홍타(三九紅墮)'라는 말이 바로 그 증거이다(姊氏於己丑春, 捐世, 時年二十七. 其三九紅墮之語乃驗.)"라고 언급했고, 또 「학산초담(鶴山樵談)」 "이듬해[翌年]는 3과 9를 곱하면, 27로, 향년의 숫자와 같다. 사람의 일 이전에 정해진 운명을 어찌 피할 수 있겠는가(翌年上昇三九二十七, 享年之數同之. 人事前定大數, 豈可避乎?)"

라고 생각하면서부터이다. (『성소부부고(惺所覆瓿槁)』, 권26)

## ✎ 심화학습

자기 죽음을 '예언한'시로 알려진 이 「꿈에 광상산에 노닐었던 시[夢遊廣桑山詩]」에는 시보다 긴 서문을 달고 있다.

을유년(1585년) 봄에 나는 상을 당해[余丁憂] 외삼촌 댁[外舅家]에 있었다. 어느 날 밤 바다 가운데 있는 산에 올랐는데, 산이 온통 다양한 옥으로 되어 있었고, 봉우리는 모두 겹겹이 쌓여있고[衆峯俱疊], 흰 옥에는 푸른 등불이 명멸하여[白璧靑熒明滅] 눈이 부셔 계속 바라볼 수 없었다[眩不可定視]. 상서로운 구름[霱雲]이 산 위를 가두어 오색이 예쁘고 선명했다[妍鮮]. 옥 샘물 수 갈래[瓊泉數派]가 절벽 사이에서 흘러나와 둥근 패옥이 부딪히는 소리를 냈다. 나이가 모두 20세쯤 되어 보이는 두 여인이 있었는데[有二女年俱可二十許] 얼굴이 모두 절세미인이었다. 한 사람은 자줏빛 노을 색 저고리를 입었고 한 사람은 비취색 무지개 옷을 입고 있었다. 모두 손에는 황금색 호로병을 들고[手俱持金色葫蘆] 가벼운 걸음으로 걸어와[步履輕躡] 나에게 읍을 했다. 계곡물을 따라 굽이굽이 올라가자 기이한 꽃[奇卉異花]들이 펼쳐져 자라고 있었고, 이름도 알 수 없는 난새, 학, 공작, 비취새들이 좌우에서 날며 춤추고 있었으며[翶舞左右], 온갖 향기가 숲 끝에서 풍겨 나왔다[衆香馚馥於林端]. 마침내 절정에 오르자 동남쪽 큰 바다에서 붉은 태양이 막 떠올라 파도에 잠겨 햇무리를 이루었다[紅日初昇, 波濤浴暈]. 봉우리 끝에는 맑고 깊은 큰 못[大池湛泓]이 있었는데, 연꽃 색 푸른 잎이 큰 이불처럼[蓮花色碧葉大被] 서리에 반쯤 퇴색되어 있었다. 두 여인이 "이곳은 광상산으로 십주(十洲) 중에서 제일입니다. 그대는 이 선경에 인연이 있어 이 경계에 이르렀으니 어찌 시로 이를 기록하지 않을 수 있겠소[盍爲詩紀之]."라고 하였다. 이에 나는 더는 사양할 수 없어[余辭不獲已] 한 수의 절구를 노래했다. 두 여인이 손뼉을 치고 기쁘게 웃으며[拍掌軒渠], "점점이 신선의 말이군요!"라고 했다. 문득 한 떨기 붉은 구름[俄有一朶紅雲]이 하늘에서 떨어져, 봉우리 정상을 덮더니 북을 치는 소리가 났다. 생생하여 깨고 보니[醒然而悟] 머리맡에는 여전히 운무 기운이 남아있었다. 이태백의 천모산 유람[太白天姥之遊]도 이곳에 이를 수 있을지[能逮此否] 몰라, 애오라지 그것을 기억하여 말했다. 시는 다음과 같다.

---

* 乙酉春, 余丁憂, 寓居於外舅家. 夜夢登海上山, 山皆瑤琳琚玉, 衆峯俱疊, 白璧靑熒明滅, 眩不可定視. 霱雲籠其上, 五

<sup>벽 해 침 요</sup>
碧海侵瑤海,<sup>*</sup>　　　푸른 바다 요지(瑤池)로 들어오고

<sup>란 의 채</sup>
青鸞倚彩鸞.　　　푸른 난새, 채색 난새 기이하네.

<sup>부 용　　타</sup>
芙蓉三九朵,　　　연꽃 스물일곱 송이

<sup>홍 타　상 한</sup>
紅墮月霜寒.　　　붉게 떨어지니 달은 서리에 싸늘하네.

---

彩姸鮮. 瓊泉數派, 瀉於崖石間, 激激作環玦聲. 有二女年可二十許, 顔皆絶代. 一披紫霞襦, 一服翠霓衣. 手俱持金色葫蘆, 步屧輕躡, 揖余. 從澗曲而上, 奇卉異花羅生, 不可名鸞鶴孔翠, 翺舞左右, 衆香馩馥於林端. 逐躋絶頂, 東南大海, 接天一碧, 紅日初昇, 波濤浴暈. 峯頭有大池湛泓, 蓮花色碧葉大被, 霜半褪. 二女曰, 此廣桑山也, 在十洲中第一, 君有仙緣, 故敢到此境, 盍爲詩紀之. 余辭不獲已, 卽吟一絶. 二女拍掌軒渠曰, 星星仙語也. 俄有一朶紅雲, 從天中下墜, 罩於峯頂, 擂鼓一響. 醒然而悟, 枕席猶有煙霞氣. 未知太白天姥之遊, 能逮此否, 聊記之云. 詩曰. 정(丁): 당하다. 우(憂): 부모의 상. 우거(寓居): 떠나 살다. 외구(外舅): 외삼촌. 첩(疊): 겹겹. 형(熒): 등불. 현(眩): 아찔하다|눈부시다. 흉운(霱雲): 상서로운 구름. 농(籠): 가두다. 연(姸): 예쁘다. 경(瓊): 옥. 파(派): 줄기. 사(瀉): 쏟아져 나오다. 격격(激激): 세차게 흐르는 모양. 환(環): 고리 모양 옥. 결(玦): 둥근 옥으로 한 곳이 터져 있는 것. 허(許): 쯤|가량. 안(顔): 얼굴. 피(披): 입다. 유(襦): 저고리. 예(霓): 무지개. 사(屧): 신. 섭(躡): 이르다. 읍(揖): 읍하다. 간(澗): 계곡의 시내. 훼(卉): 초목. 고(翺): 날다. 분복(馩馥): 향이 피어나는 모양. 제(躋): 오르다. 접(接): 닿다. 도(濤): 큰 물결. 훈(暈): 해무리. 담(湛): 맑다. 홍(泓): 깊다. 피(被): 이불. 퇴(褪): 퇴색하다. 주(洲): 섬|대륙. 연(緣): 인연. 감(敢): 감히. 합(盍): 어찌 …하지 않다. 획(獲): 득(得)의 의미로, 불획(不獲)은 '…할 수 없다'는 뜻. 박장(拍掌): 박수치다. 헌거(軒渠): 크게 웃는 모양. 아(俄): 문득. 타(朶): 송이. 추(墜): 떨어지다. 조(罩): 끼다|덮다. 뇌(擂): 두드리다. 성연(醒然): 잠이나 꿈에서 깬 모양을 형용하는 말이나 여기서는 생생한 모습을 말한다. 체(逮): 이르다. 부(否): 의문의 뜻을 돕는 어조사. 료(聊): 애오라지|부족하나마.

\*　요해(瑤海)는 서왕모가 산다는 전설상의 선계(仙界)인 요지(瑤池)를 말한다. 1~2구는 꿈에서 보았던 선경을 묘사했고, 3~4구는 꿈에서 한 떨기 붉은 구름이 하늘에서 떨어지며 북을 두드리는 소리를 냈다는 장면을 배경에 두고 있다.

# 부록: 한자 쓰기 연습

대학생을 위한 한자의 이해

**이연주**

강원대학교 중어중문학과 교수, 고대중국어 연구


**박세욱**

강원대학교 중어중문학과 강사, 중국 고전문학 연구

한자의 이해

초판1쇄 인쇄 2021년 8월 13일
초판1쇄 발행 2021년 8월 24일

지은이    이연주, 박세욱
펴낸이    이대현
편집      이태곤 권분옥 문선희 임애정 강윤경
디자인    안혜진 최선주 이경진
마케팅    박태훈 안현진

펴낸곳    도서출판 역락
출판등록  1999년 4월 19일 제303-2002-000014호
주소      서울시 서초구 동광로 46길 6-6 문창빌딩 2층 (우06589)
전화      02-3409-2060
팩스      02-3409-2059
홈페이지   www.youkrackbooks.com
이메일     youkrack@hanmail.net

ISBN  979-11-6742-192-0 03720